目标明确的孩子才能成为未来的领导者

有奉献精神的父母
培养大人物

（修订版）

[韩] 全惠星 / 著　杨　媚 / 译

光明日报出版社

图书在版编目（CIP）数据

有奉献精神的父母培养大人物 /（韩）全惠星著；杨媚译 . -- 修订本 . -- 北京：光明日报出版社，2016.7

ISBN 978-7-5194-0889-3

Ⅰ . ①有… Ⅱ . ①全… ②杨… Ⅲ . ①家庭教育 Ⅳ . ① G78

中国版本图书馆 CIP 数据核字（2016）第 122079 号

版权登记号：01-2016-2786

有奉献精神的父母培养大人物（修订版）

著　　者：【韩】全惠星　　　　**译　　者：杨　媚**

策　　划：双螺旋文化
责任编辑：黄海龙　　　　责任校对：傅泉泽
特约编辑：唐　浒　杨亚妮　　　　责任印制：曹　净
封面设计：麓榕文化　　　　特约技术编辑：张雅琴　杨　骏　黄鲁西

出版发行：光明日报出版社
地　　址：北京市东城区珠市口东大街 5 号，100062
电　　话：010-67078248（咨询），67078870（发行），67019571（邮购）
　　　　　010-63497501、63370061（团购）
传　　真：010-67078227，67078255
网　　址：http://book.gmw.cn
邮　　箱：gmcbs@gmw.cn
法律顾问：北京德恒律师事务所龚柳方律师

印　　刷：北京中印联印务有限公司
装　　订：北京中印联印务有限公司
本书如有破损、缺页、装订错误，请与本社联系调换

开　　本：710 × 1000　1/32
字　　数：150 千字　　　　印　　张：6.5
版　　次：2016 年 12 月第 1 版　　　　印　　次：2016 年 12 月第 1 次印刷
书　　号：ISBN 978-7-5194-0889-3

定　　价：28.00 元

目 录

CONTENTS

有奉献精神的父母培养大人物

You Feng Xian Jing Shen De Fu Mu Pei Yang Da Ren Wu

Preface 序言
留给孩子的最好的财富

以联合国秘书长潘基文、世界银行行长金墉、世界卫生组织总干事李钟郁（已故）为首，越来越多的杰出韩国人出现在世界舞台，大大提高了韩国人的地位和自信心。我的两个儿子亦有幸担此重任，一个担任美国卫生与公众服务部副部长，一个被美国国务部重用为法律顾问。

全球各地的韩国人和美籍韩裔一直在不遗余力地提升我国的国际地位，这真是一件意义深远，让人大感快慰的好事。

我怀着喜悦的心情，关注着他们的一举一动。在某一天，我突然发现在他们身上有两大共同点。第一，他们很明确自己的人生目标；第二，他们拥有全局性的世界观。

中国有句老话，叫作："良禽择木而栖。"鸟儿之所以懂得在哪里筑巢，是因为它们打出生起就明白自己的目标。然而身为人类，我们是否真的明白了连鸟儿都懂得的道理呢？

此言甚是啊。生于世上，若不能明确自己的人生目标，我们就会为日常生活所逐，终日疲于奔命。到那时别说是人生目标，就连最重要的价值观都会被抛诸脑后。

"请问您是怎么把孩子教得这么好的？"

面对着向我请教那根本算不上秘诀的育儿之道的父母们，我总会反问一句：

"请问各位希望孩子成为什么样的人呢？"

"首先要学习好。"

"学习好之后呢？"

"考一所好大学。"

"他们考上了父母期望的大学之后呢？"

"接下来就是找份好工作，然后赚大钱……"

父母都希望孩子成绩优秀，能念所好大学，毕业之后找到份好工作赚大钱。孩子们大多也怀着和父母同样的想法，将物质上的成功视为人生目标。那如果我换个问法呢？

"如果能赚很多很多的钱，那他的人生目标又是什么呢？"

面对这个问题，大部分的父母都回答不上来。若从这一点出发，让我谈谈那算不上秘诀的育儿之道的话，我必须说，让孩子遵从父母的意愿长大，从而获得某种成就，这其实并非正确的育儿方法。在这么做之前，父母必须自省，自己到底想拥有怎样的人生？

首先，我想请各位扪心自问一句：

“我的人生目标到底是什么？”

只有解答了这个问题，我们才能得出正确答案。

在抚养六个孩子的过程中，我对其中一点深有体会，那就是孩子们会伴随着父母的行为和苦恼长大。很多父母也经常这样说。

“我学得没有别人多，也没什么财产可留给他们的，所以想让孩子过得比从前的我要好，这难道不是理所当然的吗？这难道是错的吗？”

希望自家孩子过得比谁都好，父母们这种心愿无可厚非。但讽刺的是，这份心意总是招致大部分孩子的反抗，并且最终往往不能如愿。

寄托在孩子身上的希冀越多，父母们就越是要经常进行自我反省，今天过得怎么样，我究竟过着什么样的人生？我的人生目标究竟是什么？这三点必须铭记在心。因为在孩子每一个成长的瞬间，他们都在仰望着你。

而现在，父母察觉不到自己的变化，却希望孩子能日就月将；又或者，父母自己连人生目标都没有，却强求孩子能有人生目标，是这样吗？

父母自己有明确的人生目标，并将之一一实践完成，这才是“如何把孩子教好”这个问题的正确答案。

遵循信念而活

虽然难以置信，但在抚养六兄妹的过程中，我从未跟他们说“去学习吧”。我们夫妇俩是学者，看到我们工作的模样，孩子们自然而然就会主动去翻开书本，享受学习知识的乐趣。我们一直将“致力于在美国传播韩国的文化，并提高韩国和韩国人的形象”作为人生目标，并为实现这一目标奋斗了一生。孩子们从小看到大，自然也就耳濡目染了。

从小时候起，我身边就一直不乏学习很好的人。但是眼看人生即将步入晚年，蓦然回首，我才发现，其实很多人都没有达到自己所认为的成功的标准。没有真正地为人生目标苦恼过，只一味地勉强自己去完成别人交代下来的事情，这种做法最后只会使你丧失对工作的热情。

失去了兴趣和意义，就不可能感受到工作的乐趣，感受不到乐趣，成就感也就无从谈起。更可怕的是，自己不知道该做什么才幸福，不知道自己想要的到底是什么。能力再出众，若是没有明确的目标，再大的潜力也发挥不出来。

一个人当上了厨师，若是对自己的工作失去了热情，只一味地打发时间，即便他能做出食物，那里面也不再会有为他人健康着想的心意。

没有人生目标，生存只是在日复一日地浪费时间。没有想做的事情，过日子只不过是在打发时间。试想，一个已过而立之年的人，没有想做的事，只一味地寻找自己能做的事，这该是何等尴尬的境地?

明确自己的人生目标，明白自己梦想的人从不浪费每一天。他们不选择捷径，只走正道。虽然在旁人眼里只是在绕圈子，但他们心里清楚，只有正道才是到达目的地的捷径。

直到现在为止，我从未对孩子说过“成为精英吧”“要成功啊”诸如此类的话。我总是教他们，想想自己在做什么事情的时候会觉得幸福，怎样才能用自己的能力为他人谋幸福?因为我希望他们能从帮助他人中获得快乐，而非一味地汲汲营营；我希望他们能找到自己喜欢做的、能从中感到幸福的事情，而不是无可奈何地完成工作。

所以从孩子们小时候起，我们总是一家人一起学习，一块儿去做志愿活动，把我们俩的生活展现在孩子们面前。我们认为，这么做能使孩子们意识到，人生的意义在于“一起”分享，而非当一个独行侠，这样才能实现自己的人生价值。

让我来举个例子。次女京恩在哈佛大学取得了法学博士学位，曾任哥伦比亚大学法学院副教授，是耶鲁大学法学系有史以来第一位有色人种女性硕士生导师。和其他法学院毕业生一样，一开始她当上了联邦政府法官的助理，证明了自己身为律师的能力。但是从某一天起，她突然就转换了跑道，将研究方向从国际法转向了未成年保护法，并坚持到了今天。

京恩告诉我，之前的事业纵然能为她带来名声和财富，但她总会没来由地变得有气无力，然后陷入无尽的后悔。但是当她为人权问题或是穷苦孩子进行辩护时，整个人不知不觉就有了力量。即便要花上几天几夜为开庭做准备，她也不觉得累。看着奔波劳碌只为做好充分准备的自己，她才生出“这才是我该做的事”的感觉。

从京恩身上我发现，其实人生目标明确的孩子远胜天才。虽然京恩本身就是个天资聪颖的孩子，但如果把她这个人生目标放在一般成功的方式里任君选择，大概不会有人放着有钱赚的好事不干，反而选择为穷苦孩子辩护。

三儿子京柱也一样。

1991 年海地发生政变，该国被军事政权控制，许许多多的海地人为了自由来到美国，但是美国不允许他们进入，反而要将他们送往位于古巴关塔那摩的美国海军基地进行收押。当时还是耶鲁大学法学院教授的京柱，联合了志同道合的律师朋友以及法学院 80 余名学生，一起向当局收押及遣返海地难民的行为进行抗议和控告。历时 18 个月，这 310 名海地难民最终获许进入美国。

在这场被比喻为“大卫和巨人歌利亚战争”的审判中，京柱出色的表现蜚声美国社会。此后以此为契机，他被任命为克林顿政府人权副部长助理。京柱的人生目标，是要为含冤受屈的人们伸张正义，而这份决心最后也成就了他自己。

英国前任首相温斯顿·丘吉尔曾经说过："若能遵循责任感和信念而行，世人的嘲笑根本无法将我击倒。真正的人生目标，是遵循信念而活。"

如丘吉尔所言，人生目标是我们生命中永不熄灭的灯塔。即使灯火偶尔会因风而动，但却永远不会熄灭。在人生的每一个重要关头，它都会为我们指路，激励我们坚定不移、勇往直前。

不可让才干先于品德

5.16军事政变后，我们被迫流亡美国。当时丈夫高光林博士（已故）是首任驻美全权公使，外交官生涯才刚起步，对非法夺取政权这一不当行为表示反抗，最后只好回到了学校。想要回到韩国，为祖国的民主化和发展贡献自己力量的梦想也只能暂时搁浅。自那之后，虽然要面对许许多多的挑战，但我们从未忘记，自己是生活在美国的韩国人。为了让子女们坚守自己的民族认同感，我们倾注了许多心血与热情。

在抚养六个子女的同时，我仍继续在波士顿大学攻读社会学和人类学课程，并取得了博士学位。在过去的50年里，我既是研究人员又是教授，可以说把时间都贡献给了少数民族和女性，移民者二代和来韩国留学生们。我这一生一直埋头于学习和研究，再加上社会活动，忙起来的时候觉得24小时都不够用，但是过后仔细回想，能和家人一起成长，我心里真的充满感激。

六个孩子全都毕业于一流大学，拥有一份受到社会认可的工作，很多人都认为这是非一般的成功。当然，我对此也非常欣慰。但是最让我感到自豪的，是孩子们拥有比才华更出众的品德。他们把贡献社会作为人生目标，并终其一生、孜孜不倦地实践着这个梦想。

“不可让才干先于品德”，这是我母亲的老生常谈，我将它教给了子女们，他们又把它教给了孙子、孙女们，对此，我只有满心的感激。看着孩子们长大成人，将一生奉献给祖国和社会，我会觉得，他们正在努力实践的这一人生目标，和我们夫妇俩如出一辙。

一想到自己不仅是母亲、学者，还是一个旅美东方女性，我就会竭尽全力做到平衡，不去疏忽任何一个身份所应尽的义务。

当孩子们还小时，我在努力当好一个母亲的同时，也从未忘记要培养出下一代旅美韩裔领导者的信念。想要带领好其他人，学习和自身努力是必不可少的，所以即使在给孩子哺乳时，我也从未放下过手中的书本。

对于孩子，我们需要给予无条件的爱，但这并不代表我们要无条件地牺牲。有许多母亲为了培养孩子而牺牲了自己的一生，但这绝不会给母亲或孩子的人生带来任何的帮助。

如我之前所说的那样，如果真想让孩子未来过得好，那么父母首先就要找到自己的人生目标，并努力实现。

如果想教出正直的孩子，比起一味地重复“要善良地活着”，倒不如牵着孩子的手带他去参加几次志愿者活动。和没参加过这类活动的孩子比起来，有过志愿者活动经历的孩子，会对这个世界有不一样的看法和出发点。他们的思考重心会从“我”变成“我们”，从“学校”变成“我们生活的这个世界”。父母也是如此。

孩子手里持有的最强武器

2006年出版的《有奉献精神的父母培养大人物》受到了广大读者们的喜爱。虽然已经过去了好几年，但是在中日韩三地，仍有不少读者和我讨论子女教育的有关问题。所以在《有奉献精神的父母培养大人物》一书的基础上，我推出了这本新书。

这是个日新月异的时代，孩子的想法和价值观也发生了巨大的变化。我也不能免俗，随着岁月的流逝，我的想法也改变了不少。

但是我抚养孩子的教育原则依旧没有发生太大的变化。人生目标明确的孩子必成大器，这样的孩子日后必能成为领导者，让这个世界变得更幸福、平安。

人生目标明确的人，也会给身边的人带来新的力量。这股正能量不仅会影响到身边的人，而且还会像磁铁那样，吸引到更多的人。

自然而然受人尊敬的领导者，便是这样诞生的。

决断力、进取心、合作力、判断力，这几种资质，是一位领导者必须具备的条件。即使身处逆境，为了创造更美好的世界，领导者无论如何，都应该努力制造新的机会。

但比这更重要的，是对他人的理解。身为领导者，身居其位，要做的不是使唤别人，而是向别人奉献。才干不能先于品德。谦逊的人总是会先反省自己的不足，然后去想自己能为其他人做些什么。品德有缺陷的人只想着让别人为自己做事。这种人要是成为领导者，势必引起社会大乱。

现在我们的孩子正身处这样一个战争无国境，世界像我家的全球化时代里。对于他们来说，现在最需要思考的问题，不是“该进哪间学校”，而是“该怎样做才能找到人生目标，成为对这个世界有用的人”。

诚然，对于“人生目标是什么，如何才能实现”这个问题，这本书并不能给出一个明确的答案。事实上，告诉他人何谓人生目标，这本身就是天方夜谭，但又非常有意义的事情。我只希望，自己这点微不足道的经验，能为沉浸在这种苦恼之中的妈妈们提供一点帮助。

我们的孩子生活在一个和我们当年完全不同的世界。为人父母，当然希望自己能成为子女们最强有力的后盾。但到了某个时候，我们还是应该放手，好让他们能自由地展翅飞翔。

活到现在，回顾这一生，其实我也曾遭遇过无数次危机与机遇。如果每当危机来临，总是认为自己能力不足，那么就会与很多机遇擦肩而过。这时候，孩子手里握有的最强武器，就是“明确人生目标”和“对全球化世界的认知”。我深信，这是父母能留给孩子的最好的财富。

写于2012年

全惠星

第1章 诚信领导法的品德1

我是谁？

喜欢自己的本来面貌，是孩子成长过程里最重要的养分。孩子若能充分了解自己，自重自爱，便不会陷入自我否定的泥淖，因此，父母需倾注心血，帮助孩子认清自己，拥有热爱自己的积极生活态度。连自己都无法认可，更遑论去爱自己！

有主人翁意识的孩子才能主宰人生

想将孩子培养成大人物，就得从小开始培养他的主人翁意识。有这种意识的孩子，日后无论身处何地、就任于哪个组织，都能像主人翁那样行事，最后成为真正的主人翁。有句话说得好：“歌剧结束后，观众们拿外套，只有主人会去拿扫帚”。比起其他人，主人更具有爱心和责任感。为了能给集体做出贡献，他们会非常努力，时刻准备着让自己大放光彩。这样的人，最终必成大器。

孩子越是听话，越应让他远行

某个村子里有一座风景如画的山，这座山的主人住在首尔，他每年大概来视察个两三次。这座山只是他财产中的一部分，但是村子里有个人很喜欢这座山，这个人不仅一周登山两回，甚至还沿河建起了一条登山路，对这座山倾注了尤为深厚的感情。他还除去了山路边的杂草，清理了暴雨后被淤泥堵塞的河道。这样看来，这座山的主人到底是谁呢？

即便成为集体的当家或是主人，但若是没有半点主人翁意识，最后也不过形同路人。只有心怀责任感，并像主人那样去行动，才能成为真正的主人翁。

最近和企业老板们见面，无论公司规模是大是小，这些企业老大无一例外，忧心忡忡地提到这一点："最近的年轻人没有主人翁意识。"就算刚入职时意气风发，口口声声说着"生是公司的人，死是公司的鬼"但大部分新进职员过不了多久，都会变得消极怠工，只盼着发薪。

"生是公司的人，死是公司的鬼"这种话，经营者是不会相信的。他们只需要职员能在没有人吩咐的情况下自动自发地完成工作，为了获得更好的结果而锲而不舍地努力，这就已经足够。但是真正对工作上心的人并不多见。

要想培养孩子的主人翁意识，最先要做的是培养他们的责任心和独立能力。但是近年来孩子们所处的成长环境，大多都不利于这两种意识的培养。因为大部分的事情都由父母代劳，孩子们的人生几乎已经不属于自己了。

再这样下去，孩子们绝对无法成为自己人生的主人。连自己的事情都无法自主决断，如何去说服其他的人呢，更遑论做出明智的选择。

这种品德并非天生，而是丰富的人生阅历日积月累而成的结晶。因此，父母该学着让孩子离开自己身边。日本有句谚语，"孩子越是听话，越应让他远行"。如果想孩子成为未来的领导者，父母就应让他独自旅行，或是通过打工、进修等方式，让孩子直接去体验生活，并做出决定，这样他才能有机会学会主宰自己的人生。诚然，离开父母的怀抱，孩子会经历许多的困难，但是在解决这些困难的过程中，他们也会变得越来越沉着大气，对自己当下所拥有的优越生活心存感激，并分外珍惜。

独处时隐藏的心事

19 岁时，我去宾夕法尼亚州迪金森大学留学，打从那时起到现在我已年过耄耋，所有的事情依然亲力亲为。初次踏上美国的土地时，那份陌生和恐惧简直难以言喻。没有能交心的朋友，这一点最让我感到身心疲惫。

那时，美国女大学生们总是把自己打扮得漂漂亮亮的，几乎大部分时间都在谈恋爱，同学们也都憧憬着在毕业后嫁人生子。我之所以离开祖国，是为了求学，我们的苦恼根本就不在同一条线上。

在沉重的孤独里，我不断地锻炼自己，逐渐发现了主宰自己人生的方法，并日复一日地提醒自己赴美求学的目的。我一直努力地让自己能从客观的视角去正视自身，乃至祖国的现状，并反复思考自己以后应该做些什么。

不管是在美国还是在韩国，我想为经济发展做出贡献的念头从未停止。但也正是因为背井离乡，让我在留学生活中学会了独立，成为了自己人生的主人。

和最初的计划不同，修完课程后，我留在了美国。虽然遗憾，并且艰难困苦数不胜数，但也多亏了它们，我彻底得到了锻炼，并从中学到了战胜人生困境的智慧。

身为父母，如果想要孩子能在更大的世界里展翅飞翔，就不要害怕放手。在孤独里，孩子学会了独立、忍耐、自信以及勇气。此外，他们还会懂得要对自己负责任。在这过程里，他们会萌生战胜困难的智慧、对事的自信，以及学会自省。

这便是将孩子培养成自己人生、乃至这个社会的主人翁的方法。

18张书桌

虽以传道授业为己任，但讽刺的是，我最常被别人问起的是“到底该怎样让孩子学习，才能让他保持优秀的成绩”。如果我有特别的秘诀，能直接说出答案，那再好不过。可惜的是，这样的秘诀对我来说并不存在。

只是我们夫妇俩都是做研究的，所以会比一般的父母们更懂得学习的特性，这个姑且能算得上是一个优势。

“强扭的瓜不甜”，学习不能靠强迫。这是我一直都明白的一个道理。

诚然，整日说教，让孩子趴在书桌边，的确能让他乖乖看书做题。但这只不过是一句话所带来的短暂效果而已，这样的学习不会在他脑海里留下任何痕迹。只有熟悉学到的新知识，并将它变成自己的东西，在这过程中感受到温故知新的喜悦，这才是学习的真正乐趣。

在抚养六兄妹的这些年里，我深切体会到，父母自身努力生活的模样，对孩子们来说就是最好的教育。父母“学习中”的模样所产生的效力，抵得过一百句“去学习吧”。无须从伟人或名人中去寻找学习榜样，父母自己就是子女的人生楷模。

成绩和实力未必成正比

最近在韩国经常能听到这样一句话，“孩子们的学习一半是父母完成的”。其实父母选择和子女一起到美国留学，目的是为了指导孩子，从旁目睹他们学习的模样。但是随着学问越做越深，父母必然会面对知识上的瓶颈。就算能自如转换韩语和英语，一旦碰到平时不常用到的数学及科学等科目，她们就会被弄得一头雾水。

一般来说在小学阶段，比起独立完成作业的孩子，有家长坐在旁边给予指导并检查作业的孩子，他们的竞争力明显更强。因为在这个时期，孩子尚未掌握学习的要领，父母的一句话就能给他们带来巨大的帮助。尤其是那些尚未养成良好学习习惯的孩子，父母有规律的学习监督是必要的。

但是当孩子们升上小学高年级后，便步入了青春期，迫不及待地想要挣脱父母的手。

在这时候，家长们也无计可施，只能把希望寄托在补习班，但是将孩子送到补习班，又面临一个棘手的问题。对大部分的孩子来说，补习班与其说是一个绝对性的学习空间，倒不如说是一个与同龄朋友相处的延长性空间。

成绩和实力并不成正比。即便在补习班里做熟了题型，短时间内成绩会大有起色，这种现象在考试结束后便会消失。之前的努力只不过为了拿一张好看一点的成绩单，实际上并无太大的意义。

但孩子如果主动地去学习，即使考试结束，逐渐累积下来的知识也会成为他真正的实力。这样实打实奠定下来的内功不会受问题类型的束缚，无论何时都能发挥其能力找出正确答案。在这时，所学的东西已经完完全全地成为孩子自己的知识。

给孩子指导功课时，以“多做 1 题，成绩就会多 1 分”为目标，是不可取的。更重要的是引导孩子养成自主学习的习惯。因为学习不是负重前行，而是一种持之以恒的规律性运动。

带有功利目的的学习，必定存在瓶颈

任何事都需要寻求成就感。父母如果想成为子女的学习

支柱，要做的不是坐在旁边和他们一起准备考试，而是要在孩子心中种下对学习的热情和“我该这么做”的动机。父母成天坐在孩子旁边喋喋不休，只会适得其反，引起孩子的反感。在这种情况下，孩子学习的效率自然也就大为降低，只会更渴望放松。

我们夫妇俩从未命令孩子去学习。他们只是看到了父母捧着书本学习的模样。我希望孩子们能自己找到学习的快乐和成就感。所以每逢有机会，我们都会带着孩子参与志愿活动，去帮助有困难的邻居。我和丈夫一直都让孩子们看到，我们关心邻居和社会，一直不遗余力，希望自己能帮得上忙。自然而然地，孩子们习惯了志愿活动，不必旁人耳提面命，他们自己也会懂得何谓“赠人玫瑰、手有余香”。进一步地，他们会明白，如果想要继续享受到这种助人的快乐，就必须学习更多的知识。对我们家孩子来说，学习不是为了功成名就，而是一种途径，好让自己能成为一个能对有困难的邻居伸出援手，为社会做贡献的人。

我一直很感谢孩子们，因为他们不是为了和朋友们一争高下而去学习，不是为了学习而去学习。人一旦存了目的去学习，就会遭遇瓶颈，以后就很难再找到学习的乐趣。其他事情也是一样。想要让孩子更快乐地去做某件事，家长们应该后退一步，从旁守望，偶尔给予协助，这样更能事半功倍。

不是“去学习”而是“一起学习吧”创造的奇迹

丈夫认为，家里最重要的东西是书桌。即使家里住着八口人，实在没有富余的位置，但只要能多出一点空间，他都会买回来一张书桌。邻居来我们家做客，能看到的就只有书和书桌。卧室里，六个孩子各有自己的一张书桌不说，就连地下室那间收拾好的大房间，也被我们布置得像个图书馆，里面的书桌与日俱增。最后每个人都有两张书桌，里面还另外多放了两张，好让来家里玩儿的同学能一起使用。家里光是书桌就有 18 张。偶尔连餐桌和茶几都会被当做书桌，应该说我们有将近 20 张书桌。

各位请设想一下家里有 20 张书桌的情形。在这种情况下，家里自然而然就有了学习的气氛。生活在一个触目所及都是书本，还有家人们学习的模样的环境里，学习已经成为我们的日常生活。孩子们放学回家，总是先做作业，然后到地下室去，完成自己定下的学习任务后一起尽情玩耍。孩子们学习时，如果有同学来访，他们也要先做完作业或是先看书。久而久之，我们家的地下自习室，就变成了左邻右里孩子们放学后的图书馆。

丈夫买书桌的习惯始于我们新婚后。婚后，我们幸运地搬进了位于波士顿的一间非常干净整洁的公寓。这间房子的主人是一对意大利夫妇，当时在哈佛读研。他们打算回欧洲留学，于是便将这房子以非常低廉的价格出租给我们。他们只交代我们要好好照看这房子，然后便带上行李离开了。这间屋子非常雅致宽敞，能放得下一架儿童用钢琴。在狭窄的单间里住久了，一旦搬进带书房的屋子，总感觉自己像是变成了真正的富翁。

但这房子里只有一张书桌，于是我把它让给了丈夫，自己用那张小茶几。其实我也很需要书桌，但是我们当时的条件实在满足不了。那时候，我们只能以哈佛法学院的奖学金过活，交完学费和保险费后，再扣除其他琐碎的开支，我们手里只剩不到 300 美元。此外，即使加上春秋两个学期的 80 美元月薪，我们连买书和吃的都紧巴巴的。

这种情况下，丈夫只要一有时间便会逛二手货市场。虽说只是二手书桌，但它是学者研究的必需品，没有什么能比得上它。就这样在二手货市场淘了好几天，丈夫最后终于买到了一张小而简雅的书桌。我们高兴坏了，两个人走了好几条街，把书桌搬回了家。说实话，当时因为太开心，我甚至都不觉得书桌有多重。

只要在家，我基本上没怎么离开过书桌。晚饭后洗完碗，哄孩子们睡下后，我又回到书桌前坐下学习。也许是从小看着爸爸妈妈们学习的模样，孩子也会自然而然地把学习当成生活的一部分。但是听我们说完，肯定会有几个人发出如下疑问：

“就一定要学新的东西吗？”

父母没必要去钻研那些深奥难懂的东西。即便是坐在书桌前写家用收支簿也未尝不可。只要能让孩子认为书桌是最亲近、最熟悉的家具，这样就已经算得上是成功了。

父母们要是将“去学习”换成“一起学习吧”，孩子们便会回馈你让人惊叹的奇迹。

奉献者最先收获

如果要用一句话来总结我们家特别的子女教育法，那就是“做一个奉献者”，这同时也是我们夫妇的生活态度。我们一直信守这样一条法则，先为自己奉献，然后为伴侣奉献，为子女奉献，再来才是为他人奉献、为社会奉献。

孩子们从名牌大学毕业，在社会各界身居要职，比起口头所说的“成功”，更多的是“终于有一个真正奉献的机会了”。孩子们还小的时候，我就希望他们能听懂这样一句话“人生在世，就应尽自己的本分”。万幸的是，在成长过程中，孩子们一直团结友爱，让我们有一个温暖的家。我们一直在努力，希望能为左邻右里，甚至是整个社会做出贡献。

从很早的时候起，我们夫妇就怀着一个共同的心愿，那就是为祖国和社会的发展做出贡献。所以，我们从很早就关注着身边事物的发展，并锲而不舍地营造出一个良好的教育环境，使年幼的在美韩裔能成长为对社会和人类做出贡献的人才。对我们夫妇来说，奉献已成为了我们家的日常生活。

三人行，必有我师

但是仔细一想，奉献的确是一道难题。想要做出奉献，自己就必须一直保持谦逊的心态。无论是在家里还是在职场，我们切不可以自己的知识和经验去衡量要求别人。一般来说，如果你年龄比对方大、学识比对方丰富、所拥有的比对方要多，那自然就有了教育对方的底气和资本。

特别是对像我们夫妇这样的教育界人士来说，“教育”已经变成了我们生活中的一部分。它已经成为了一种习惯，根深蒂固地刻进了骨子里，使我们很容易就摆出一副教训别人或是无视别人的姿态。因此，我们夫妇俩向来不敢松懈，总是互相提醒，互相监督。

说实话，我天生就对传递知识、信息以及体会深感兴趣。若是站在教育学生的立场上，我有许多机会能站在众人面前侃侃而谈。但是就算处于这种场合，我也一直努力让自己保持着聆听对方教诲的姿态。我心里一直牢记着《论语》里的一句话：“三人行，必有我师焉。”

其实，要认可比我年龄小的人，这本就是件知易行难的事情，更别说是身处长幼之序严明的韩国了。

但纵观成功人士，不论对方是什么年龄，地位高低与否，他们一直心胸开阔、海纳百川。就算是年轻人，他们也可能会拥有我所没有的经验，比我钻研得还透彻的科研成果。特别是在学术界，思想更容易接受新鲜事物的年轻人们不受固有观念的束缚，能提出连元老们都望尘莫及的好想法，这样的事情屡见不鲜。这就是我为什么从不轻易下判断，不轻易贬损对方的原因。

把自己的经验和知识当做衡量他人的标准，这是傲慢，甚至有可能把人引向歧途。傲慢之辈总会错失向他人学习的大好机会。无论是年轻人、单身女性，抑或是有色人种，他们各有各的哲学和活法。只有抛开"我很完美"这种想法，虚心地接受对方的经验和想法，才能得到发展。只要本着一颗奉献的心，放低身段，自然就带上了学习的姿态。比起书本上的知识，这种体会而来的智慧要来得更为持久。这种奉献对我们来说，既是学习，也是机会。

创造机会的人

1977 年，我受邀出席美国全国女性会议。虽然这已经是三十五年前的旧事，但对我来说依然记忆犹新。那时候我的室友是一位女性运动家，她以一身色彩斑斓的 T 恤现身会场，让人一看就会想"怎么能穿成这样来参加会议"。因为是正式的场合，所以以正装出席的我，实在非常无法理解她的举动。

但是会议一开始，记者们就把长枪大炮对准了她。室友的这种行为，怎么看都像是为了要博得媒体的关注。诚然，在两万多名黑衣与会者中，这位身穿彩衣的女子毫无疑问地吸引了全场的目光。就连一直活跃在学术界的我，也无法想出这种方法来吸引各界的视线，从而有机会披沥己见。想要在与会人数超过两万名的参会者中脱颖而出，其难度无异于举手摘星辰。

另一方面，黑人女性们将打算做出实质性发言的法律人士、市民运动家、女性运动家、作家们安排在讲坛周围，还动员法学院学生们手持麦克风，使每个人都能各司其职，各抒己见。

在那时，社会对黑人女性以及夏威夷女性、东方女性依然存在偏见。她们为了能表达自己的想法，用尽了各种方法。我被她们努力的样子深深地打动了。

其实，东方人在被白人无视的同时，自己也不知不觉地歧视黑人。但是他们在政治意识、运动组织手段、政策提案等各方面的确要领先于我们。对于此前一直在象牙塔里埋头钻研的我来说，这次与会经验不仅为我的学术思想带来了一股清风，还给我上了宝贵的一课。

父母理应率先身体力行“奉献精神”

有种理念叫作“服务式领导”，意思是，如果想成为一个受人尊敬的领导，那你就必须先为他人奉献。

“服务式领导”是罗伯特·格林里夫（Robert Greenleaf）在 1977 年首次提出的概念。赫尔曼·黑塞在小说《东方之旅》中首先对其作了引用。在小说中，里奥和一支队伍一同旅行，包揽了各种杂活，把自己摆在一个服务者的位置。但是当里奥突然失踪后，这一行人立刻陷入了混乱，旅行也被迫中断。虽然里奥一直被当做后勤人员，但当他失踪后，这趟旅行就无法继续了。直到此时，这支队伍才发现，里奥已经成了他们的精神领导者。

很多人都怀着这样一个观点，即领导的责任就是指挥下属做事，受人尊崇。不得不说，这是一个非常大的误会。身为领导，若要领导下属，必先为下属奉献。领导别人，并不是要用自己的出身和知识去发号施令，而是要和他们对视，用双眼和耳朵去观察、去聆听。

在我很小的时候，父亲是做生意的，家里有帮佣。那时母亲并没有对他们颐指气使，而是事必躬亲，并教导我日后也要乐于助人。

成为父母后，打理整个家庭也是如此。父母不能罔顾孩子的意愿一意孤行。如若强求，孩子们不但不会如父母所期望的那样长大，而且还会阳奉阴违。

比起为孩子制定目标，父母更需要的是在孩子自己寻找目标时从旁协助。只有这样，孩子才能百折不挠，开拓自己的人生道路。

另一方面，在职场中，即便你成了组长，也不能一意孤行地将自己的目标强加于组员身上。所谓成果，是组员们为着同一个目标齐心协力创造出来的结晶，不是凭组长个人的野心就能成功。将自己的想法和野心一味地强加于别人身上的人绝对无法成为一个受人尊敬的领导。只有双方都认可彼此时，真正的领导能力才会产生。

这里面最重要的，是一颗为对方奉献的真心。我们要懂得，即便时移势易，也要保有自己的梦想；为了集体的利益，要将损失减小到最少。因为身为领导，不能只顾着为了自己，得为整个集体奉献。也因此，他们不能期望从对方身上获取回报。若是存了这种想法，那便不能称之为是为对方奉献真心。如果希望孩子能成长为未来的社会领导者，你一定要教会他何谓奉献精神。

但这并非仅凭单方面的教育就能成功。父母要首先展现他们自身为自己、为家人、为社会奉献的一面。这是教会孩子们奉献精神的最好方法。

不应迎合世界，而应配合孩子

如今大部分的孩子都能言善辩，毫不讳言自己的想法。因为他们很早就通过电视、DVD、电脑等多种多样的媒体手段，间接获取了经验，为了让自己能有更强的表达能力，他们甚至去上培训班。当今社会，稳重又安静的孩子少之又少。

但是能言善辩嗓门大，并不代表表达能力佳。正确的自我表达，是能整理好自己想表达的意思，言简意赅，同时不会让对方感到不快。

抚养孩子时，我们应该仔细观察他们是否有效地进行了自我表达，并提供良性的刺激。因为对于孩子来说，日后无论做什么事情，谦虚而稳妥地自我表达都能助他们一臂之力。

培养孩子们独立思考并表达的习惯

为了能让孩子们独立思考，并正确地表达自己的想法，我们应该从小就给他们制造机会。只不过，我们没必要将这事筹划得过于严肃。每逢周六召开家庭会议，早餐前进行祈祷，平时写读后感和日记，我们夫妇俩总是通过这些生活日常来创造机会，鼓励孩子们进行自我表达。

特别值得一提的是，写日记是锻炼孩子表达能力和思考能力的好方法。如果让美国人听到我们通过日记来指导孩子，他们一定会大惊小怪："你们怎么能读别人的日记呢？"

但是我们夫妇之所以让孩子写日记，是为了让他们记录并反省自己，从而认识自我。此外，坚持写日记能锻炼孩子的表达能力。进入社会后，为了能向别人清楚地传达自己的意思，我们需要有与众不同的表达能力，但这种能力并非从天而降。除此之外，日记也是一条了解孩子的途径，能使我们理解孩子的想法，为我们创造与孩子坦诚相待的好机会。

写读后感也是锻炼表达能力和思考能力的好方法。孩子每读完一本书，我们都会要求他们写读后感，没有固定的形式，也从不规定他们写一句还是写满一张纸。正如一千个读者心中有一千个哈姆雷特一样，读者的性格不同，阅读时的心境不同，都有不同的感受。我们会让孩子们写一段短小的读后感，然后各自发言，把它当做是对日常琐事的整理，这样也能减轻孩子们的负担。

听完孩子们发表的言论，身为家长只需起个头，孩子们自然而然就会发起讨论。即使还没学会写字，但只要能说话，年幼的弟妹们也能参与讨论，从而锻炼自己的思考和表达能力。

孩子们还小的时候，我们全家每周会一起去一趟图书馆。他们兄弟姐妹总会一块儿讨论该选哪本书，时不时还觊觎其他人所挑选的书本，我打从心里觉得他们这副模样既可爱又有趣。因为兄弟姐妹众多，所以就算每人只借一本，也能带回六本书，孩子们相互之间传递阅览，一周时间很快就过去了。每逢学校开展年度交换读书活动，我们家孩子总能带去最多的书，我们家简直可以说是与书为伍。

全家人共进早餐，也能有效锻炼孩子们的表达和思考能力。早餐时间之所以珍贵，是因为在餐桌上大家可以交流彼此的想法，增进相互间的了解。美国人一般选择共进晚餐，但我们家在时间上不允许。只有在早餐时间，我们一家八口才能齐聚一堂。为了配合每个人的时间，我们选择在早上，大家边吃边聊，交流各自正在做的事情，关注彼此的情感和健康状况。我们谈论的话题多种多样，例如，今天谁有考试，爸爸和妈妈前一天做了些什么，出差或是志愿活动进行得怎么样了，有哪些人会来我们家拜访，等等。

我们也会在这时朗读爷爷奶奶从韩国寄来的信。对于信中提到的韩国的公休节假日以及诸位亲戚，我们会对孩子们进行解释说明，让他们多了解自己的故乡。当然餐桌上并非只有好消息。偶尔，他们会提到自己在学校里被其他孩子取了个“塌鼻梁”的外号，或是考试考砸了。大早上的听到这样的消息着实让人不怎么愉快，但是我们总会互相鼓励，出谋划策，竭力让各自都能有所收获。

此外，在用餐前，我们会让孩子们每天轮流祷告。清晨祈祷于我们而言是一个契机，可以让孩子们吐露一些平时在我们面前难以启齿的话语。有一次，弟弟在前天晚上看到哥哥被父亲狠狠地责骂了一顿，在第二天早晨他便祈祷：“上帝啊，请教会我们理解和忍耐。”我丈夫听了，自己也觉得难为情。还有一次，我和丈夫在前天晚上拌了嘴，第二天气鼓鼓地坐在餐桌边时，六岁的小女儿便说道：“请让我们珍惜彼此，体谅彼此，发现对方身上的优点。”小不点儿给我们夫妇俩上了一课。

别用世俗的标准来衡量孩子

丈夫是个好老师，总会直接给孩子们指导功课。每逢开学，他都会去书店，给孩子们带回最畅销的习题集。每周他会检查一次孩子们的作业，指出错误，并称赞他们做得好的部分。虽然给他们定了习题的量，但是丈夫并没有强制要求他们必须完成。我们只希望孩子们能在做功课的时候能完成一部分习题，从而学会分配自己的学习时间。这样积累下来，孩子们大概一学期能做完一本习题集，并养成了良好的自主学习的习惯。

习题集封面上各自标有孩子们的名字、开始做题的日期和最后一道题完成的日期。这样能使他们感觉到责任心，并定下一天里学习的时间。不只孩子，我们夫妇俩也会在那段时间和他们一起学习。孩子放学回家，第一要务就是做作业。偶尔学习时会有同学来访，我们会把书桌让给他们，让他们一起参与到学习当中。

这种自主学习的方法，能有效地培养孩子们的思考能力和表达能力。如果硬逼着孩子完成那些对他们来说力不能及的习题，孩子们只会感到挫败，别说表达能力，他们甚至会抛弃独立思考的习惯，被动地去改变自己，最后只会变成看母亲脸色行事、小心翼翼不让自己挨骂的小孩儿。

在这时候，将孩子和他的其他兄弟们进行比较，是教育的大忌。龙生九子各有所好，孩子们也是如此。

无视孩子的个性，只一味地用这个世界的准则来衡量他们，是不可取的。将孩子的学习速度和学习表现进行比较，催促他们快马加鞭，只会打断他们的思考能力和表达能力。在抚养六兄妹的过程中，我也不能免俗地将他们的学习、创意，甚至是他们的礼仪规范进行过比较。但是我一直在努力，不让自己有意识地去做这件事情。当我发现他们和别人有不一样的地方时，我都认为那是他们特有的个性，比起缺点，我更注重发掘他们的优点，并加以称赞。

在孩子们学习的过程中，速度从来不是问题。比起囫囵吞枣一知半解，稳打稳扎彻底弄懂更为重要。这样获得的知识，不仅会成为自己的实力，更会提高自我评价，增强自信心。等孩子尝到了解题的乐趣后，无需家长催促，他们就会主动地翻开习题集。孩子们会拿不懂的问题去请教他们的兄弟姐妹或是我们夫妇俩，并整理自己的想法。这一过程自然而然就促进了家人间的沟通和交流。

当孩子进入青春期时，女儿会向母亲求助，儿子会请教父亲，这时候我们能获得各种各样的教育效果。除了能培养他们的学习习惯，锻炼表达能力和思考能力，父母还能更进一步地理解孩子。

孩子们能正确地进行自我表达，这是非常重要的。但如果毫无章法、急于求成，只会使孩子变得畏首畏尾、踟蹰不前。

睿智的父母会懂得，比起以自己的速度为准则，配合孩子的速度更为重要。比起缺点，我们更应该挖掘他们的优点；比起体罚，我们更应给予他们鼓励；比起成绩，我们更应注重他们的个性。

没有完全一样的孩子

很多父母都希望，子女日后能比自己更有出息，但同时又害怕孩子会误入歧途。明明有着和别人一样的价值观和想法，却又希望自己能与众不同，这个愿望其实非常矛盾。所以在这时候，父母就会希望自己的孩子能在学习上出类拔萃。

想毫无风险地把孩子培养成未来的领导者，在我们那个年代还算行得通。因为家境困难，学习的机会非常难得，只要你的成绩比别人优秀，就会得到比别人更多的机会。

但是如今社会已经变了，比起“最好”，这个时代更看中“独一无二”。能做大家都会的事情并做得很出色，这固然很好，但如果能以不一样的面貌，或是与众不同的才能和人生吸引到各界的关注，那便是取得了社会性的成功。人各有志，每个人自有不同的价值观、价值取向以及才能，正因为如此，我们的生活才会如此丰富多彩。

比社会性成功更重要的事

在柏林，没有两栋建筑是完全相同的。这是人们追求城市多样性和创造性的结果。如果到柏林去，哪怕只是整天在外闲逛，我也不会感到厌倦。因此，时隔多年重回韩国，看着路边相似的建筑，我忍不住吃了一惊。虽然它们给人一种干净整洁的愉悦之感，但是过度的统一性又让人感到压迫。

孩子们也是如此。他们就像是制陶熟手匠人的作品，虽然外观相似，但若是不能充分展现自身个性，那就无法让他人领略到不一样的风采和感动。他们也极容易活得不快乐。

与其他人的评价和社会性成功相比，更重要的是发挥自己与众不同的个性，不让自己的人生留遗憾。如果让孩子完全按照父母和社会的准则来成长，他们只会像工厂里量产的工业品那样，把自己的人生弄得既贫瘠又无聊。

当然，像其他人那样过着平凡普通、波澜不惊的生活，这也未尝不是一件好事。但无论做什么事情，走什么样的路，我们都应该找到自己独有的方式，使自己过得舒心愉快。

我所主张的领导，是诚信领导（Authentic Leader）。所谓的诚信领导，是与众不同的，有着独特魅力和领导力的人。

韩国的教育热，指的是某种教育方法或学习用品成为流行，遍地开花的现象。但适用于其他孩子的方法或用品，在我们的孩子身上不一定就能发挥同样的效果。

此外，并不是所有孩子都非得是学习能手。如果你认可并接受孩子的个性，其他父母再怎么灌输你什么方法，你都不会动摇。但是，父母若是没有明确的信念，他们就会不由自主地随波逐流，容易被其他人所左右。

我们有必要审视自己，是不是在认真倾听他人建议的时候，却忽略了孩子的意见。孩子说自己想要什么的时候，父母就无缘无故地发脾气；孩子说自己不想要什么，父母就一语带过，到最后，家长很有可能会错失非常重要的信息。

当你关注其他孩子的时候，也请回过头来，认真地审视自家孩子吧。这样你就会发现，他们真正想要的到底是什么。

期待必有回响

六个孩子虽然一母同胞，接受相同的教育，但是他们性格迥异，各有所长。我一直牢记这一点，并努力让自己多关注他们的长处，而非缺点。

次子东柱年幼时不爱读书。其他孩子总是手不释卷，经常从图书馆借回来一大堆书，只有东柱对机械零件和积木情有独钟。他尤其喜欢用积木拼凑出一件作品，完成之后拆开，然后再拼起来，乐此不疲，几乎到了废寝忘食的地步。跟其他孩子比起来，他头脑中主管科学的部分似乎更为发达，虽然明白这就是孩子的特点，但我心里还是会想着，要是他能多读点书就更好了。每当这时，我就会告诉自己“孩子们各有所好，那就是他们的个性呀”，从而平复自己偶尔偏激的想法。

就这样，东柱虽然不怎么爱看书，但还是顺其自然地成长起来了。在中考和高考时，东柱的成绩是全年级最好的。他之所以会捧起书本，是因为自己感觉到有读书的必要。东柱还发现自己看书的速度比其他人都要慢，所以他一直努力地弥补自己的不足。有了动力，孩子自然而然地就会发现适合自己的方法。

除了科学，东柱在音乐、运动、话剧、美术、外语等各方面都崭露头角，最后在高中毕业时获得美国总统奖。

为人父母，肯定会对子女的未来有着期待和憧憬。但是没必要让他们按照父母的意愿活着。孩子们生来就有各自的兴趣和才华，当感觉到自己有必要去做一件事的时候，他们才会对此产生动力和意志。虽然很希望东柱能多看书，但是我从不把这种想法诉诸于口。因为我的期望，很有可能会变成孩子的压力。

在教育孩子这件事情上，没有什么是靠强迫就能完成的。信任并尊重孩子，这本身不是一件易事。但是如果你能等待，总有一天，孩子也会以实际行动来回报你。

别轻易断言孩子的才华和可能性

丈夫去世后，孩子们劝我搬过去和他们一起住，但我拒绝了他们的好意，自己搬到了耶鲁大学附近的惠特尼中心（Whitney Center），那时我已年近八旬。惠特尼中心是一栋老年公寓，里面设备齐全，老年人在安享晚年的同时，仍能继续参与社会活动。

有一次我们欢聚一堂，为新房客罗斯林庆祝 90 岁生日。我们起哄让她讲自己的故事。听着她有趣的人生经历，我惊叹连连之余，亦不免感触良多。

罗斯林向我们讲述了她前不久在佛罗里达参加国际演讲大赛的经历。

罗斯林告诉我们，她小时候就算再怎么集中注意力，也无法阅读文字。但除了这一点，她和正常人别无二致。但看着女儿一天天长大却还是无法阅读，父母感到失望之极，认为她是个有缺陷的孩子。随着年岁渐增，罗斯林也对自己逐渐失去了自信。

在那时，医学界对阅读障碍症还没有足够的研究和了解。父亲认为女儿先天不足，便让她去学做贸易业中最简单的事情。她按照父亲的指导，从事服装贸易，一做便是 33 年。

罗斯林 54 岁那年，美国医学界终于正式对阅读障碍症展开研究。罗斯林得知这一消息，了解到自己并不是先天不足，她最终鼓起勇气报读夜校。因为无法阅读，学习对于罗斯林来说是一场艰苦卓绝的战争。但是她非常努力，学习得非常投入。十余年过去了，在 65 岁那一年，罗斯林获得了纽约大学的硕士学位。沉醉于这姗姗来迟的学习乐趣，罗斯林报读了博士课程。那时候，有一位教授对她说了这样一番话：

“您何苦要当坟墓里最聪明的人呢？知道读博士要花多少钱吗？知道要和自己作战多久吗？别再炫耀自己了，何不试着去当一个传播知识的人？”

罗斯林听从教授的建议，现已蜚声国际。像是为了弥补无法阅读的遗憾，她展现了与众不同的演讲才能。在别人早已退休的年纪，已届耄耋之年的罗斯林开拓了她的新事业，并一直活跃在社会舞台上。

听了罗斯林的故事，我再次深刻地意识到，对孩子的才能和未来的可能性妄下判断，那是非常错误的。如果罗斯林的父母能再细心一点观察女儿，他们就会知道她身怀着多大的才华。

孩子们生而不同，成长经历也就不同。世上没有完全一样的两个孩子。当他们发现自己的个性时，便能大放异彩。

这时候，父母决不能拿孩子和其他兄弟或是朋友的孩子进行比较。因为父母的一句无心之语而失去自信的孩子，我见得多了。相信人各有才，并发掘孩子的潜能，这才是父母该做的。

从现在起，比起缺点，请多花心思发掘他们的特长吧。用称赞和鼓励来使孩子突飞猛进，大家觉得如何？

尊重孩子的本性

如果希望子女以后能自信满满地在社会上大展拳脚，受人尊重，父母首先要承认孩子是独立的个体，并尊重他们。无关孩子的年龄、能力、状况，所有人都应该尊重他人，认同各自与生俱来的个性。从小在家里得到尊重成长起来的孩子，日后自然而然也能受到他人的尊重。

换句话说，我生的孩子，要是连我自己都不尊重他们，那么以后谁还会信任、尊重他们？不认可孩子，不尊重孩子的父母，也不会相信自己的教育方针吧？目标明确，全力以赴地抚养孩子，他们就会茁壮成长，一如父母的期盼。所以我们该做的，不是从根本上怀疑自己的教育方式，而是应该相信孩子。

父母信任的孩子不走歪路

父母们总担心自己的孩子会走上歪路。特别是当孩子进入青春期后，父母担心他们会结识一些损友，所以限制孩子的自由。但就算父母设下天罗地网，孩子们也还是会去做自己想做的事。因为父母再怎么严防死守，也不可能全天候 24 小时监视他们的一举一动。

父母的信任才能最强有力地抓住成长期孩子们的心。我的父母相信我，心里明白这一点的孩子，是绝对不会走上歧途的。因为他们清楚，比起监视和刨根问底，亲手毁灭父母对自己的信任，这才是最可怕的。所有的孩子都打从心里希望父母能够开心，也清楚如何才能让他们高兴。这可以说是一种与生俱来的本能。

这一切都是相互作用的。如果父母认可孩子，孩子也会听从父母。因此，最有效的子女教育法，就是在树立家长权威前，先承认孩子是独立的个体。这份认可会成为孩子成长的养分，培养他们的自信心，使他们能够成为未来的社会领导者。

孩子远比我们想象的要成熟，这一点至关重要，父母理应牢记。因为在父母没有注意到的时候，孩子们已经历过许多事，并快速地成长了起来。

父母看着孩子长大，对他们有了先入为主的印象，所以很难摆脱这种固有的成见。正因为朝夕相处，所以他们很难察觉孩子的成长。我们要做的是尽快摆脱“我自己的孩子我最清楚”这种想法。有时候为了迎合父母的期待，孩子们会强迫自己去做自己不喜欢的事情，隐藏自己的本来面目，只展现伪装的一面。

“孩子懂些什么呀，父母应该帮帮他们。”

“小孩子就知道玩。要是放着不管，他们肯定会行差踏错！”

这是大部分父母的老生常谈。他们认为这就是对子女的爱的最好证明。

但是父母们之所以会有这种态度，归根究底是因为他们不知道孩子有多成熟，总爱把子女当做需要保护的对象。有时候即使在孩子面前，他们也不讳言这一点，其实这样相当于抹杀了孩子的发展可能性。

父母们虽然有着高涨的教育热情，但这极有可能会阻碍孩子的成长。所谓的学前教育和英才教育，恰恰给原本能够成才的孩子带来了极大的压力。有些父母甚至让还在念小学的子女接受超前教育，导致孩子连喘口气的机会都没有。

希望自己的孩子能胜过别人，事业成功生活幸福，父母的这种心情无可厚非。但是为了这一点而牺牲孩子当下的幸福感和自信心，这样真的对吗?

有些人认为，让孩子去学习，或是纠正他们的坏习惯时，父母必须表现强势，孩子才会听话。甚至有的父母觉得，帮孩子拿主意是理所当然的事情。

他们认为孩子还小，缺乏想法和决断力。这样看来，这些父母极有可能认为，只有做孩子讨厌的决定，才是负责任的父母应有的态度。

父母永远是对的，孩子们总是不成熟，行为欠妥。实际上这种想法会抹杀孩子们的创造力。

这种想法在关乎教育的问题上更是体现得淋漓尽致。有很多家长认为，只有掌握了教育的控制权，才是最安全最稳妥的做法。培养良好的学习习惯要从娃娃抓起，在这种想法的驱使下，父母们总把自己的意愿强加在孩子身上，但是被强迫学习的孩子很容易感到厌倦。他们不知道为什么要学习，也没思考过什么样的做法才是正确的。长此以往，他们怎么能生出对学习的兴趣。

也有父母认为，等孩子长大后，他们自然而然就会明白这些道理，就算现在说了他们也不懂。但我认为，大家要先把这种“反正都是为孩子好，虽然现在辛苦点儿，但他们以后会理解，会感激我们”的想法抛到一边。因为这种学习不仅会给父母和孩子带来压力，而且还会带来反效果。

良好的学习习惯要从小培养，这个观点是正确的。但我们该做的，是营造良好的学习环境，使孩子树立独立学习的意识，而非揠苗助长。承认孩子是独立的个体，和他们一起努力寻找正确的学习方法，这才是不含丝毫副作用的教育之道。

培养孩子自主制订计划并予以实践的学习习惯

比起我这个做母亲的，孩子们的学习习惯更多是受了他们父亲的影响。在平时，丈夫总强调规律性学习的重要性。为了给六个孩子制定符合他们年龄和兴趣的学习计划，丈夫可谓煞费苦心。

等孩子们到了可以表达交流的年纪，他们就聚在一起，自己制订学习计划。这是孩子们的分内事。我和丈夫只是从旁指导，判断他们的计划是否有可行性，如有需要便提供帮助，我们会观察他们制定的计划是否超出了其自身能力，监督他们有无投机取巧等，定下了有可能完成的目标，然后给予指导。

当然，六兄妹的能力和学习习惯各不相同。在实现计划的过程中，他们取得进步，并为此感到自豪，学习的积极性也就越发高涨。

想要培养孩子们良好的学习习惯，父母就要自始至终对孩子们一视同仁。特别要注意，别让每天变化的心情影响了你对孩子的态度。

如果父母自己都无法做到始终如一，那么他们要求孩子们一直勤奋学习也就没有任何的说服力，反而只会让孩子变成一个见风使舵的人。如果碰上父母心情好，就算自己没有守约或是偷懒，父母也会说“今天就放过你一回”；如果父母心情不好，他们就会责骂孩子“这么下去你能考上大学吗”。长此以往，他们以后就再也无法走进孩子们的心。

据我所知，韩国的小学生一个人报好几个补习班。放学后他们连喘口气的时间都没有，就坐上了校门口的校车也是直奔补习班。上完这个班又去那个班，一整晚时间就这么没了。八岁的孩子根本没有时间玩耍，终日忙于学习钢琴、跆拳道、篮球、游泳，奔波于各大补习班，直到父母下班接他们回家。这种现象在没有祖父母和玩伴的双职工家庭子女身上，情况尤为严重。这与其说是父母的错，倒不如说是社会问题。

但即使父母是双职工，也不应该完全把孩子交给学校和补习班。“功课都做完了吗？”“快去上补习班别迟到了！”“下课之后别乱跑，老老实实回家来！”如果父母觉得单凭这些命令就能掌控孩子，纠正他们的生活态度，那就大错特错了。

我们应该随时和孩子进行交流，了解他们这一天都做了些什么，并留心他们的学习习惯。就算你早上赶着上班，也别忘了和孩子们一起讨论一下当天的学习计划。

此外，父母应该善用周末的时间，弥补平时陪伴的不足。这周过得如何，下周该做些什么，家长应该和孩子们一起，按周或月来制订学习计划。当孩子自己去执行这些计划时，父母应该为他们提供最大限度的自由。只有这样，孩子们才会懂得计划和守约的重要性，从而学着怎样才能让自己更有效率地运用自己的时间。

从小教会孩子如何更有效率地运用自己的时间，对于他们来说，这是非常重要的学习过程。如果想让孩子未来能拥有成功的人生，必须从现在起就让他们懂得自我管理时间。

懂得对自己的选择负责任的孩子

最近有个流行词汇叫做“直升机父母”。指的是那些像直升机一样在孩子身边打转，帮孩子包办一切的父母。除了学习，就连孩子结识了哪些朋友、在哪里做了些什么、玩了什么，他们全都一一代为决定，从孩子填高考志愿的那天起，直到大学毕业填入职申请，父母全都一手包办。这听起来真的让人非常着急。有些父母甚至会在子女无故缺勤时亲自打电话到公司给他们请假。“妈妈帮你”这句话在他们的生命中存在了 20 多年，早已成了根深蒂固的习惯，无论是人生中的重大决定，还是生活琐事，他们认为这都该由父母来帮孩子拿主意。

我几乎没怎么为孩子们的学习忧心过。只是不知怎的，某天他们突然统一战线，说等到了大二就要休学。等到了那时候，他们也许就学累了，生厌了，所以我也无法独断地命令他们不准休学。学业问题理应由孩子们自己来决定，父母无法越俎代庖。

我没有斥责这个决定，而是和孩子们进行了一次对话，希望他们能好好思考，如果真这么做了，那之后的一两年间，他们会变成什么样子。我想让他们明白，就算现在很渴望休息，觉得那是唯一的解决途径，但是暂时的懒惰思想所带来的后果，可能比想象中要严重得多。最后六个孩子都没有休学，而是解开了心结，各自继续投入学业。

当孩子犹豫不决时，由于担心他们会做错选择，家长们总是无法袖手旁观。父母一旦陷入苦恼，很快就会支撑不住，为了快刀斩乱麻，他们会要求孩子按照自己说的去做。

同样是这种情况，当孩子在两种选择面前犹豫不决时，你只需告诉他“这么做有可能带来什么后果”，大多数孩子就能做出正确的决定。因为是孩子自己苦恼许久之后做出的决定，所以他们对此会有更强的责任心，而且会努力遵守约定。

自发地对自己的时间进行管理，为了自己的梦想不断地学习，在这过程中，孩子会慢慢地获得智慧，这份智慧会成为孩子们生命中非常重要的指南针。

从离开父母怀抱的那一刻起，孩子们就已经是一个独立的生命体。他们用自己的双脚行走，并在幼儿园或是学校里结交朋友，那一刻起，他们就已经脱离了父母能掌控的范围。只有尽快认清这一点，父母才能将孩子培养成才。

发展心理学中之所以把和父母的“亲子关系”放在这样重要的地位，原因也是如此。只有和父母建立起良好的亲密关系，以后才能更顺利地和彼此分离。换句话说，父母之所以给予孩子们那么多的拥抱和亲吻，在他们身上倾注那么多的爱，都是为了让他们以后更好地离开自己，大步地往前走。

各位，你们还想把孩子绑在自己身边到什么时候呢？无论父母接受与否，孩子都已成长为独立的个体，他们正在走出父母的保护圈，试着自己去成长，去探索，去寻找机会。

明智的父母是像灯塔一样的存在，他们给孩子指点一条明路，好让孩子自己充分地探索周围的环境，去计划并实践自己的人生。这才是真正为了孩子好。

至死方休的疑问

我曾在耶鲁大学执教，那是一所名牌大学，即便是本地人也不是那么容易能入学。所以如果能在这里遇上韩裔学生，那可真是一件开心的事情，所以我也会“胳膊肘往里拐”，因为看到这样聪明可爱的学生，我总觉得心满意足。

但是随着时间的流逝，那些聪明伶俐、活泼开朗的孩子中，有相当一部分人开始放松学习，后来又逃课，最后有人选择了休学，有些人甚至放弃学业。一开始我还非常担心他们，想着他们是不是在人生地不熟的异国他乡生了病，现在是否已经痊愈？

后来我才知道，他们中大部分的孩子陷入了自我迷失，内心每天都在苦苦挣扎。小小年纪就离开了父母和故乡，来到这陌生的地方，一切都要亲力亲为，他们无法不感到孤单和迷茫。

我眼中的我 VS 别人眼中的我

在这群赴美留学的学生中，有不少孩子从小就被夸为

"天才"，在成长过程中集万千宠爱于一身。这些孩子很清楚自己的能力，无论何时何地，他们都以主人公自诩。所以对这个世界和世界上其他的人，他们鲜少会感到敬畏。

这样的孩子一旦遇上了比他成绩优秀的人，所受到的打击远比我们所想象的还要严重。那些把教科书奉为至高宝典的模范生更是如此。比起果敢地参与挑战和天马行空的想象，他们更倾向于探讨有关学习成绩的问题，寻求一个明确的答案，如果遇上无法从教科书里找到答案的问题，他们就会忐忑不安。

这样成长起来的天之骄子们一旦到了国外，和其他人一起生活学习时，就会产生更严重的问题。每天看着来自世界各地、比自己优秀上许多倍的同学们，对他们来说是一件非常痛苦的事情。这些同学不仅极具创造力，还富有冒险精神。当骄子们遇上那些对教科书之外的世界更感兴趣的朋友时，他们会更慌乱。再加上周边都是美国人，他们会觉得身边的人都像是在说"你这个外国人注定无法成为这个社会的主人"。

模范生、备受瞩目的人才、新时代领导者……十几年来一直背负着这些光环成长起来的孩子们突然不再被当成焦点。他们甚至还没来得及做出些成绩，就已经被打上了失败者的烙印，这种打击才是最可怕的。

一直以来所认知的那个"我"在此刻无处可去，在这陌生的异国他乡很容易会陷入绝望和孤独。有很多孩子最后会离开学校逃到别处，又或是被孤独感钉死在房间的某个角落里。他们无法克服“自己眼中的我”和“别人眼中的我”之间的落差，最后只能坠入水深火热的深渊。

全家移民的家庭特别容易在同一时期有相同的感受。在美国居住的韩国移民者中，有60%在移民前都是身居要职的高管，但是到了这里之后，大部分人都只靠开杂货店或是美容用品店、洗衣店、食品店来维持生计。不熟悉当地语言，没有做生意的经验，想在异国他乡白手起家谈何容易？工作上的烦恼加上身体上的疲惫，在这种情况下，别说是事业心，就连对的生活的幸福感也会急剧下降。这样下去，就算一家人齐心协力，也很难渡过难关。

当然，并非所有的留学生都是如此。也有很多孩子愉快地学习并取得成就，让自身得以发展。他们当中有一部分人在美国社会大放异彩，成功跻身名流，吸引了全世界的目光。也有另一部分毕业后回到了韩国，担任企业领导或是大学教授，成为祖国栋梁，为国家做出了卓越的贡献。

但这并不是说他们就没有经历过自我认知的混乱。只是这些孩子即便在困境中也从未失去自尊和自信心。在瞬息万变的环境里，我们更要三省吾身，这样才能真正地坚守自我。

需要终生思考的难题

三儿子洪柱在耶鲁大学法学院担任教授时，曾在东岩文化研究所主办的“在美韩国人年会”上对自我认知发表过如下观点：

“所谓的自我认知，需要我们花费一生去反复修正。这好比我们每天清晨都要刷牙洗脸，不能因为昨天刷牙了今儿就不刷了，是一个道理。”

在我看来，子女们在自我认知上未经历过重大的危机。但这也只是我个人的想法，孩子们肯定也曾在这个问题上碰过壁。

我教的学生里，有个孩子也曾有过类似的经历。这孩子是第二代移民，在美国出生，从小到大一直接受精英教育，是一个模范生。

那会儿关于越南战争的报道铺天盖地。某一天，有个朋友问了好几个关于越战的问题。这个学生对越南的了解和其他同学并没有什么两样，所以也没法做出更详细的回答。但是朋友却正色道：“你也是亚洲人，怎么可以对越战和越南的文化没有半点了解？”自那天起，这学生就越来越没自信，甚至产生了厌学情绪。平时总以美籍亚裔自居，从未深思过人种和国界等问题，突然某一天被身边人点出“你也是亚洲人”的这个事实，这孩子就突然在自我认知这个问题上产生了混乱。

自己习以为常的认知被别人视为奇言怪语，或是自己的特点被他人否定时，孩子们会受到巨大的打击。尤其是第一代移民总会指责那些韩语说得不好的第二代孩子。但是对于那些认真学习韩语，或是一直努力让自己不忘记母语的孩子来说，这种指责非常容易让他们受到伤害。

特别是对于那些在美国出生、长大的孩子来说，学会敬语是一件非常不容易的事情。他们无法理解，为什么父母或长辈们都使用命令句，但自己却被强制要求必须使用敬语。如果他们说不好韩语，就会被来自韩国的客人们指责或批评，这对他们来说是不小的伤害。问题在于这并不是偶发事件，这种伤害一而再、再而三地重复下去，孩子们的挫折感就会越来越深，很容易产生自我认知上的危机。

该成为什么样的人

实际生活中仰望他人的自己，一直以来自己眼中的自己，当这两者存在落差时，便会产生自我认知上的危机。此外，如果无法建立起贯通过去、现在和未来的价值观，人就会在自我认知上产生混淆。如果产生自我认知上的危机，未来的人生目标也会难以实现。一旦失去使命感，满腔热情便无从发挥，自我完善与自我实现也就变得愈发艰难。

所谓自我认知，指的是自我统一性、自我主体性、自我完善、主人翁意识，以及自主性，是在“我是谁”“我以后能成为什么样的人”这一系列问题中起决定性作用的重要支柱。这一切是不会随着年岁增长而自发完善的。

即便已年过八旬，我还是会在每天早上问一遍自己：“我是谁”虽然在国外生活多年，但我认为，自我认知是不分时间和地点、无关性别的。对于任何人来说，这都是非常有必要反复思考的问题。

对于身为韩国人、女性、东方人、地球人的我来说，这种对于自我认识的自省无论何时，都能成为我的精神支柱，让我做的事情能为子孙后代带来帮助。所以每当我遭遇困难，我都会这样问自己：“我是韩国人！我们可是能使相克的力量融为一体，使和平和安定得以持续下去的民族。创造力和统筹力，恰恰就是太极的力量，我怎么可能找不到解决这种矛盾的方法呢？”此外，我还经常反复思考，以后自己该怎么做，才能充分发挥自己角色的作用，使自己所做的一切能为韩美两国带来帮助。韩国是我永远的根，美国虽然让我接受了许多考验，但也正因为它们，我才能在接受挑战的同时不断发展。

自我认知是一个需要我们花费一生的时间来思考的问题，正如洪柱所说，它需要我们用这一生不断地修正、完善，继而将之完成。如果想寻回自我认知，首先要对自己和自己的根抱有自信心和自豪感。这份自信心和自豪感会成为孩子们过好这一生的重要支柱。

要建大楼，必先花费许许多多的时间和努力去打好地基，孩子们要想成长到能在这社会堂堂正正地立足，必须先打好自我认知的根基，这是非常重要的。

正确的姿态——喜欢自己本来的模样

喜欢自己的本来模样，这种态度是孩子们立身处世最重要的养分和根基。充分了解自己，自尊自爱的孩子，是绝不会陷入自我否定的泥淖的。因此，父母需多花心思，让孩子充分了解自我，从而树立自尊自爱，积极向上的生活态度。如果连自己到底是谁都不清楚，那又谈何去爱自己？

之前有个关于考试作弊的问卷调查，调查对象是美国某所私立高中的韩裔学生。让人震惊的是，调查结果显示大多数韩裔学生都曾经作弊，并对此毫无负罪感。因为无论在韩国还是美国，家长或学生都深受“活着只为考上好大学”的压力，急于求成，所以才会造成这一结果。

但是通过作弊来提高成绩，只会让孩子走上荒废学业的不归路。作弊得来的高分并不能体现真正的能力，孩子心里比谁都清楚这一事实，对于自己做出这样非常不光明正大的举动，孩子心里的负面情绪只会越积越多。表面上是世人眼中成绩优秀的好学生，实际上却通过旁门左道来拿高分，两者之间的落差会让孩子陷入矛盾。随着时间的流逝，这种矛盾会越发深重，最后让孩子备受挫折。

如果不想让孩子陷入这种混乱，父母要从小就给予他们引导，使他们能活得知足、自尊自爱。通过真正的努力得来的成绩才有真正的价值，应该凭借自己而非他人的实力获得认可，孩子若是能明白这一点，便绝不会随便地对待自己和自己的生活。学习也是如此。学习并不是为了拿好成绩炫耀给别人看，而是为了实现自己的梦想而累积实力，只有明白了这一点，孩子的学习效率才能更上一层楼，自己才能变得更幸福。

知根知本，自豪感生

以家庭关系为基础，充分了解自己的优点和特长，并引领它往好的方向发展，这是最重要的。此外，充分了解自己祖国的历史文化与环境所形成的哲学，有助于以后作为领导做出长远规划，并形成正确的自我认知。

文化认同与自豪感成正比，认同感越明确，自豪感也就越强烈，对他人的说服力也就越强。尤其身居高位时，每一个决策都关乎到许多人的生计，你必须要对自己有信心。就算面对再多的困难和挑战，只有当你明白你是谁，了解自己的文化特性时，你才能拥有力量，将它们一一解决。

虽在美国生下六兄妹，但我们夫妇俩在教育他们韩国文化这方面可谓花了极大的心血。我们一直努力让他们对东方文化抱有积极的态度。此外，每当报纸上刊登了亚洲人的成功故事，或是比如有亚洲人拿了诺贝尔奖这样的好消息时，我们都会让孩子们仔细阅读报道。只要有时间，我都会跟他们讲述亚洲人的优秀之处，让他们打从心底里生出身为亚洲人的自豪感。我们总跟孩子们强调，韩国人绝对是不可忽视的存在。每次有机会，我都会和孩子们带着孙子和孙女们回韩国，让他们亲自了解自己的故土根源。

我们继承了丈夫的高姓，也曾举家探访过济州岛的三姓穴，那是高丽时期眈罗国的发祥地，现在还保存着济州高氏的传说和遗址。孩子们激动的模样至今还历历在目。我们还去了民俗自然历史博物馆，五岁的小孙子要我教他韩文，所以我教他写自己的名字，好让他能亲手在花名册上一笔一画地写下自己的韩文姓名，他欢喜极了。此外，小孙子还缠着要我们买他身上穿的韩服，并精心挑选富有韩国文化特色的礼物，准备带回去送给朋友。看着他们的小模样，我再次感受到了孩子身上发生的巨大变化，因为他们怀有对祖国文化的自豪感和认同感。

打从那天以后，我能感觉到，孩子们对故土的认识和自豪感与日俱增。孩子们说，因为高氏祖先是眈罗国的国王，他们是王的后代，所以更要活得堂堂正正、问心无愧。

世界发展的速度越来越快，很多人会认为祖先的传说已是老黄历了，但世上焉有无根之木？哪怕是在如今，父母也该多跟孩子们讲述祖先的故事。这样做对他们树立对自身和家族的自豪感，有意想不到的好效果。

如今，我们的孩子生活在一个国际化的大舞台上，这里有着各色人种、各国人民，彼此相互交流。他们以后还有很长的路要走，如果不了解自己的文化根源，他们就无法怀有自豪感，很容易感到混乱。正因为如此，生活在异国文化圈中，我们更要彻底了解自己的文化根源，这样才能勇往直前，创造崭新的未来。

第2章
诚信领导法的品德2

我要做什么？

每当看到父母们总是一马当先做完所有的事情，而孩子什么都不用管，只需要好好学习时，我都会告诫他们，这样是非常危险的。如果想要孩子成长为阅历丰富的领导者，我们应该思考的是，什么样的教育才能让孩子在家庭和生活中获得更多的体验。在这时候，如果你不是把他们当做自己的儿女，而是将其视为未来的领导者，思考我们应该扮演什么样的角色，这个难题将会迎刃而解。

有所待的父母才能将孩子培养成才

每年开学季一到，父母和孩子总会为升学的问题争执不休。东岩文化研究所也经常接到关于此类问题的咨询电话。以前我都是直接和他们通话沟通并给予建议，现在由其他人代劳。在过去这 50 余年里，这些出入东岩文化研究所的年轻人，大部分已经成为了自己所学领域内的领军人物。但无论怎么忙，他们都会抽出时间，以研究所理事或是志愿者的身份回来帮忙。他们并不是单纯地搭一把手，而是以过来人的身份向后辈们提出建议，助他们一臂之力。

美籍韩侨父母总希望自己的孩子能考上法学院或是医学院，或是尽快就业。父母和孩子之间为此争吵的情况更是屡见不鲜。但是孩子肯定比任何人都清楚自己的能力。他们本就因为自己难以考上心仪的学校而焦虑不已，要是在这时父母不体谅孩子的心情，只一味想把自己的欲望强加于他们身上，到最后只会把孩子推入深渊。

还有一些孩子，他们花了五六年或是七八年的时间来攻读研究生课程。在这漫长的时光里，父母比子女更累。学费固然是一个难题，但看到其他人已经毕业并成功地找到了自己的人生方向，回过头来看自己的孩子已经落后，做父母的难免会感到担忧。

但越是这个时候，孩子就越需要父母的理解、支持和爱。父母中至少要有一人能成为孩子倾诉的对象。只需偶尔倾听孩子的心声，并给予无条件的爱，孩子们就会获得莫大的力量。

相信孩子的决定吧

我们夫妇会倾听孩子的话语并提出相应的疑问，通过这种方式来让孩子发现自己的兴趣和才能，帮助他们开拓自己的人生。我们从未具体说过要他们念哪所大学，进哪个系，或是找什么工作。特别是对女儿们，我们会劝她们好好计划自己的未来，甚至要考虑到结婚之后。与此同时，我们会建议她们好好想想，也会和她们一起思考，什么事情是可以在家完成的，什么事情是必须在职场上做的，以及如何才能分配好自己的时间。

举个例子，我们会问“人们为什么都尊敬他”“你为什么要挡住那条路”“你现在选择了这条路，十年后等你的孩子都长大了，到那时你又如何”，等孩子们自己考虑透彻并给出自己的答案后，我们会一起思考，找出最佳的方法。

选择学校也是如此。我们夫妇从不单纯地认为“只要好好学习就能考上好大学”。我们总是静观其变，等孩子自己明确梦想、树立目标，并选择适合自己的学校和学科。我们知道，只有等到这个时候，孩子们才需要我们给予建议。父母的优势在于比孩子经历了更长时间的社会生活和研究活动，累积了丰富的经验和知识。凭借这种优势，我们可以帮助孩子摆正自己的目标，清楚自己的优缺点，使他们能更容易地找到自己的前进方向。

这是一个非常重要的过程，同时亦是一个难题。我们的孩子虽然在学习上是一把好手，但是要自己树立目标并为之不懈奋斗，这需要一段很长的时间。因为对于多才多艺的人来说，想做的事情实在太多，光是选择做什么就会花费他们大量的时间。

但是我们给了他们充分的时间去思考，并尝试去做自己想做的事情。与此同时，我们营造出良好的对话氛围，使得父母子女、兄弟姐妹间能持续地交流。为了使孩子不后悔自己的选择，沟通是最好的方法。

为了延长和孩子沟通的时间，我们召开了周六家庭会议。在家庭会议上，孩子们各抒己见，并试图寻找自己的方向。他们还会分享自己在挑战过程中所遭受的挫折，从中领悟到的行之有效的方法。

“如果有想要的东西，你应该清楚地告诉你的家人。”

我经常跟孩子们这样说。其实六兄弟姐妹在一起吵吵闹闹地长大，自然而然地就已经明白了这种生活方式。如果生活在一个成员众多的家庭里，当你有了想要的东西，你就必须让你的家人明白你对它有多渴望。“做也行，不做也行”，这种态度不会给你带来任何结果。

在这种环境下成长起来的孩子都懂得，如果从小没有树立起明确的目标，那以后他们什么都得不到。如果不去实践自己的目标，那么以后自我展现的机会就会越来越少。举例来说，有孩子说自己想学钢琴，好不容易才得到了学钢琴的机会，结果几个月过去了，他连一首短曲都无法完整地弹奏出来，以后就不会再有人相信这孩子了。等到了下一次，更多的机会会落在其他累积了信赖的兄弟姐妹们的身上。错失良机的孩子在下一次会树立新的目标，并为之全力以赴。

次子东柱从小就想学长笛，但他知道家庭环境不允许六兄妹同时上音乐课，所以他自己创造了学习的机会。他为班上长笛吹得最好的同学做课外辅导，条件是让同学教他吹奏长笛。几个月后，东柱的长笛水平已经足以填补乐团的空缺。

我从不过问孩子们有何希望和需求，也不强迫他们去做我认为好的事情。因为就算我认为这东西再怎么好，如果它不是孩子们想要的，那也只不过是无用之物罢了。

相反地，孩子们自己做出了选择，他们为了得到自己想要的，就会想尽一切办法，并迎接挑战。在这过程里，他们成为了自己人生的主人，学着去完成目标。不必有人来教，他们已经学会了领导力所具备的能力。

在家里没有得到这样充分锻炼的孩子，以后在社会上也将无法找到自己的位置。和家里不同，社会是一个充满了激烈的竞争。孩子们以后要想能在这社会堂堂正正地立足，就要从小开始独立思考，学着并习惯去为自己所做的一切负责。

万幸的是，我家孩子从小便是秉持着这种态度长大成人的，并以同样的方式去教导我的孙子孙女们。只需要对孩子展现无尽的爱并给予他们指导，使他们在这份爱里寻觅到自己要走的路。

父母只需明确地告诉孩子们何谓大是大非，小的方面应该让孩子们自己做出选择。只有这样，孩子们才会肩负责任，从而自主设计自己的人生。

能做的事和想做的事之间的差别

能正确地区分能做的事和想做的事，这是树立目标中至关重要的一点。人生在世，不可能只做自己想做的事情。但这并不意味着只做自己能做的事就能活得好。如果只做自己想做的，你会发现这个世界上存在着很多约束；但只做自己能做的，人的欲望又永无止境。当然，我们不能说哪一种想法必然是坏的。有些人为了能做自己想做的事，一直不断地努力探索；另一些人满足于自己力所能及的事情，也一样是全力以赴。

最好的方法，莫过于是以自己的才能去享受自己想做的事情。这个世界多的是志向和才能相一致的幸运儿。但即使能做自己想做的事，你也有可能跟不上社会现实，或是它和你的性格不相符。举例来说，你可能在钢琴演奏上天赋过人，但你本人其实并不想弹钢琴。

当能做的和想做的之间存在差异时，你该怎么办呢？

首先做你能做的，然后将时间和努力投入在你想做的事情上。纵观那些做自己想做之事的人，你就会发现，他们实际上一直努力着让这两者同时进行。这不仅仅是为了自己，也是为了社会，只要方法是正确的，就算和父母的期待背道而驰，父母也该给予支持。

最近韩国的父母们有这样一桩烦心事，那就是子女不知道自己擅长些什么，也不知道自己想做些什么，无法决定自己的前途。在美国大学教授会议上，与会者也谈到，他们教的学生当中，有相当一部分孩子不清楚自己想做什么，他们对此表示了深切的担忧。

每当看到那些说自己的梦想就是进大企业拿高薪的孩子，我都会感到非常可惜。工作稳定、收入高固然是好事，但如果这不是你经过充分的苦思冥想和自我反省后做出的选择，那这个所谓的梦想肯定坚持不了多久。

在我们身边总有许多这样的人，他们曾是让人称羡的公务员，或是大企业中的一分子，但最后却选择了辞职，从而谋划新的前途。有些人甚至还未走到这一步，光看大学的名字就决定入学，或是根据自己的分数来选择能入读的学科，但是读到一半又选择转科或是插班到别的学校，甚至是休学，这样的人比比皆是。

在这一件事情上，父母需深刻反省两点。一，他们是否摆脱了学校的门派之见；二，他们是否把握了子女的性格和能力，从而引导孩子去做正确的选择。

细心地观察子女，你就会发现他们对什么事情展现出兴趣，在什么方面展现出天赋。俗话说，三岁看老，孩子们的性格和才能使他们从小就往不同的方向发展。他们若是能发现自己的性格和才能，这固然很好。但如果他们做不到，那我们就应该给予适当的刺激，帮助他们选择有利于自身发展的道路。

每个人都有与生俱来的天赋。虽然并非无所不能，但能否有机会一边做自己想做的，一边幸福快乐地生活下去，这取决于自身的努力。这条有父母在身边相伴并给予指导的道路，才是最光明的前途。

唤醒孩子心中沉睡的巨人吧

在美国硅谷的公司里，你每天都能看到，全球经济命脉被操纵在某个团队的手中，反反复复、大起大落。但令人震惊的是，这些翻手为云覆手雨的幕后操纵者，大部分是二三十岁的年轻人。

“这些人身上有什么共同点呢”，如果仔细思考这个问题，那么我们就能找出孩子未来的前进方向。

各行各业的青年领导者都以极具创意的想法来武装自己。这些富有创造性的想法具有改变世界的力量。它能使这个世界沿着正确的轨道更快更好地发展，从而变得更加美好。

人们总是为此着迷。他们会为这新意、便利和快乐而疯狂。

创意整合力的重要性

最近韩国歌手 Psy 以一首《江南 Style》在 Youtube 上火了一把，甚至登上 Billboard，在美国掀起了一股韩流文化热。在美留学生、韩裔移民者和他们的孩子对韩国文化的自豪感空前高涨。看着他的舞蹈和歌曲，以及趣味横生的 MV，我也不知不觉地笑了起来。

虽然我对 Psy 不了解，但是对他这种不顾世俗眼光，以舞蹈和歌曲来表现自己的鬼马想象力的极具创意的想法，我由衷地感到赞叹。他现在已经向全世界展现了韩国文化精神，也就是创造力。除了美国，欧洲人也跳起了 Psy 的骑马舞，当听到其他人对江南这个地方表示出极大的关注时，我再次领略到了文化艺术的巨大力量。比起有组织、有计划的宣传活动，这种手段更为奏效，而且这效果还是持久性的。因为这种文化艺术里蕴含着无数的故事，而这无数的故事里又饱含了巨大的感动。

长久以来，我一直都在宣扬这种想法，那就是创意整合力能使孩子大放异彩。最近韩国开始关注这一能力价值。家庭、学校乃至职场，都把最高的分数分给了创意。所谓创意，就是把看似毫无关联的事物整合起来，创造出新事物的能力。懂得如何将相克的事物整合起来，这就是创新能力。

不久前，我看了一部韩剧，名叫《Golden Time》①。在这部以急诊医学科教授和实习生为主人公的电视剧里，这位教授所实践的急救法，正是在医院里常见的创意整合的最佳案例。

一旦有患者就诊，内科、外科、神经科等全体科系的医生都会赶来会诊。医生们并没有从一开始就把病人分成内科和外科，而是聚在一起，看自己所属的科系是否能帮上忙。在这里，“我们科就帮到这里为止”这种事情是绝对不会发生的。患者流着血奄奄一息地躺在那里，医生们却还在为责任归谁、科别的不同而争吵不休，这样的医院究竟是为医生服务，还是为病人服务？

① 注：一般译作《最佳时间》，2012 年 MBC 月火剧。

教育也是如此。将知识一样一样地学到手，然后把它们变成自己的东西，这才是最重要的。但如果人类裹足不前，那世界就不会有任何的变化。只单纯继承前辈们的研究成果，是无法创造出新成就的。为了使学问的体系更上一层楼，为了使社会向前发展，我们需要有这样一种才能，那就是从别的观点去解析已有的事物，使之获得新的发展，也许还会产生质的飞跃。后辈们需要发挥自己的想象力，提出富有创造性的方案，前辈们要有开阔的心胸来接纳后辈们的新想法，同时弥补自己的不足之处。这就是人类才能拥有的创造力和创意整合力。

哪怕技术发展也无法取而代之的才能

我们这一代受过教育的人之中，那些什么都能做得正确无误的人获得的评价是最高的。如果你能做到像照片或是机械那样正确无误地重复，那么你就拥有了最有效的竞争力。但是现在完全不同了。在这个时代，比起一味追求正确性，灵活思考、懂得将不同性质的要素统筹起来创造出新技能，这样的人能获得更高的评价。尤其是在多文化圈子里，创新精神是不变的要求。

但某些父母，在面对孩子们的异想天开时，总会觉得他们是在胡思乱想，并为此忧心忡忡。因为父母们只沉迷于自己所习得的知识里，拒绝接受新事物。但是异想天开的想法和挑战才是创新的根源。只有思想自由不受固有思维束缚时，我们才能创造出与众不同的，只此一家的新内容。

这是个日新月异、高速发展的时代。比起10年、20年前，我能真切地感受到当下生活的这个环境产生了多么巨大的变化。20年前，家家户户的书桌上都能摆着一台电脑，这种事我根本连想都不敢想。电子邮件取代书信，资料储藏在文件里放到网络上共享，让世界上每个角落的人都能方便地收取、查阅，这种事情以前只会出现在空想科学电影里。

电视和手机也逐渐变得更轻、更薄。与体积相比，它们的功能却是越来越强大。曾看到过这样一个广告，有人把手机放到嘴边，对着屏幕里面的蜡烛视频轻轻一吹，就把画面给关掉了，我还为此大吃一惊。此外，我还看到过一种无需接触的画面智能识别技术，只需在空中活动几下指尖，就能轻松翻阅手机相册图片。这样的例子不过是九牛一毛。这些令人惊叹的、被我们运用在日常生活中的技术，在一二十年后将会发展成什么样子，孩子们在这样的环境下成长起来，他们和我所经历的时代又会有怎样的不同，我们应教会他们什么，光是这些就值得深思。

技术的发展为我们带来便利，这固然很好，但更重要的是为了让我们敞开心扉，分享那些感动心灵的内容，并创造出新的故事。

我们无法预测，未来孩子们将生活在怎样的一个世界里。

发展总伴随着加速度，未来总是不可预测。但有一点很明确，技术越发展，人们就会变得越孤独。正因为如此，为了不在这个日新月异的世界里变得孤单，我们必须培养孩子人际交往能力，使他们能通过自己的才能进入社会，为他人带来快乐。因为只有这样，他们才能活出更多姿多彩的人生。

藏在孩子身体里的潜能

我对本民族的文化取向中蕴含的创意整合能力给予了很高的评价。这种评价不仅仅出于单纯的根源自豪感，也是一个比较文化学者研究所得出的见解。在比较分析亚洲的社会构造、美术、音乐，以及 18 世纪东方四国，即中国、韩国、日本、越南的刑法案例后，我得出了以上的结论。

以我们民族传统画作中的文字图为例，它是以文字和图画组合而成，用以传递信息的一个画种，是我们民族独创的流派，在世界上可谓独一无二。文字图以“孝、悌、忠、信、礼、义、廉、耻”为中心，将这八个字进行多种变形，以传儒道。以前在街市角落里，甚至还有画家即场创作并售卖这种作品。每当他们铁画银钩、泼墨挥毫，我总是站在一旁，看得如痴如醉、神魂颠倒。

一谈起东方印象，外国人总会想起阴阳，但当真比较起来，中日韩三国对阴阳的概念又存在着不同程度上的差异。太极起源于中国殷商时期，我们在此基础上以红蓝两色代表天地；和日本鲜少提及阴阳的态度相反，韩国的太极既脱胎于中国，又添加了象征人类的黄色。这是统合了阴阳相生相克之力后所产生的第 3 元素。这就是三太极，我们总能在韩国的扇子、长鼓或是寺庙的门上看到这个图案。

像这样对他国文化兼收并蓄并加以创新，使之成为全新事物的能力，正是我们民族的文化力量。

孩子们如果能正视过去，倾己之力，匠心独运地将新事物和创意融为一体，我们的文化必能在全世界大放异彩。这种力量就潜藏在孩子们的身体里，如果我们能早日领悟到这一点并对此加以培养，那么日后就无需再为孩子的未来感到担忧。对于我们民族的创造力，我始终信心十足。

名为世界的空间，唤作未来的时间

美国有史以来第一位黑人总统在大选中诞生，他就任时，白种人人数已经少于有色人种。多元文化一直被认为是美国的代名词，但在未来，它将成为形容韩国的重要关键词。如今留学、进修语言，或是跟着父母驻外的孩子越来越多，旅韩外国人亦然。此外，通过跨国婚姻移民韩国的女性人数也在同步上升。

特别值得一提的是，对韩国的未来社会来说，跨国婚姻具有巨大的影响力，足以被单独列为一个词条，是一种影响深远的社会现象。统计数据表明，自 2006 年起，韩国男性和外籍女性的婚姻以每年 25000 宗的增幅稳步上涨，截止到 2011 年 9 月末，跨国婚姻已达 123866 宗。因此在未来，韩国人势必会生活在多民族文化的圈子里。

我们的孩子日后将会生活在名为世界的空间，被唤作未来的时间里。迄今为止我们所掌握的知识，或是已知的常识范围，在未来有可能被一一推翻，孩子们将会面对父母没体验过的新环境，并将其发扬光大。教育孩子的时候，如果没有紧跟世界潮流的目光，没有洞悉未来的远见，那我们也只不过是一个瞎子领着另外一个瞎子罢了。

我们的孩子，将生活在地球村

“全球化策划，本土化执行（Think globally and Act locally）！”

这是 2005 年，三儿子洪柱担任耶鲁大学法学院院长时，在法学院迎新会上对新生致辞时说的一句话。洪柱要求新生们，要以全球性的目光去看待我们身边每一件事。因为这些孩子就生活在全球化的时代，他们将在世界的舞台上成长，洪柱这番话，是要他们及早开始锻炼自己。

真正的领导者，必须拥有兼具历史性与全球性的目光。和其他国家做比较时，我们应该从更广阔的视野出发，更客观地去观察我们的民族特性。承认并理解世界各国的文化多样性和特点，这是提高凝聚力的最直接的方法。

不久前，洪柱出席了由韩国最高法院主办的国际法律论坛，发表了演讲，并介绍了在国际舞台上崭露头角的韩裔们，以及他们在各自领域所担任的重要角色。与会人士包括联合国秘书长潘基文、世界卫生组织总干事李钟郁（已故）、国际刑事法院院长宋相现、世界银行行长金墉、韩国驻美大使金成勇，以及洪柱的哥哥，时任美国卫生及公共服务部次长的京柱。洪柱在演讲中强调了韩国人在国际舞台上的巨大作用，并对日后韩国人能有更活跃的表现寄予了深切的厚望。

要想培养国际化的高素质，我们应让孩子从小就体验多样文化，让他们有机会比较并理解它。

每到周末，我和丈夫都会带孩子们去教会，让他们能从中体会到其他国家的文化。当孩子们接触到多样的文化、和其他人种的小孩儿愉快相处时，自然而然就理解了彼此间的不同，慢慢地他们就会懂得如何使其他文化圈的小伙伴理解自己的特性。暑假时，我们全家会一起参加泛宗教夏令营，和那些来自不同宗教、不同肤色、不同国家的孩子们交流接触，在名为宗教的圈子里彼此加深了解，增进感情。

我们家后院有一架滑梯，还有沙池，孩子们可以在那里尽情玩耍。与此同时，邻家的孩子们自然而然也会过来玩，和我们家孩子打成一片。那时，我和丈夫在家从不说英语。反正孩子们在外面能受到更正规的英语教育，我们干脆在家里认认真真地教他们韩语，培养他们身为韩国人的自豪感。孩子们在家也只说韩语，只听韩国音乐。就算和那些来我们家后院玩滑滑梯的美国小孩一起玩耍，我们家孩子也照样只说韩语。

某一天，邻居的美国妈妈来找我。她用生涩的韩语发音结结巴巴地说出“运动鞋”，并问我那是什么意思。因为她家孩子一直要她给买这个，她得知道是什么，才好去给孩子买。听她这么说的时候，我忍不住露出了一丝微笑。我的孩子已经充分认同了自己的本源，并掌握了和其他文化圈孩子交流的方法，一念及此，我就由衷地感到欣慰。

无论生在韩国还是美国，如今我们的下一代已经生活在同一个文化圈里。快速发展的国际化就意味着文化的大挪移。想要在多文化圈里生活下去，孩子们除了要时刻清楚地认识到自己是韩国人，还要懂得如何去适应这个多文化、国际化的圈子。在美国抚养孩子时，我一直努力让他们去接受多种文化。我希望父母们也能像我这样，让孩子们除了熟悉的本国文化之外，也能接受他们未来将要生活的环境的其他文化。

未来需要多样性与包容性兼具的人才

世界变化得太快，过去被认为非常重要的领域，也许在某一天就失去了它的价值，从未设想过的领域很可能在会在某一天冉冉升起。所以在指导孩子们的时候，我们需尽可能地去接受一切的可能性，即便已经选择了将来的发展方向，我们也要关注其他的领域，掌握社会变化的方向，不断地对自己的发展方向做出修正和完善。因为所有领域之间都有可能联系在一起，如果一时掉以轻心，我们就会落后于世界的变化速度。

在过去，随着工厂机械化越来越普遍，生产线上的技术工人越来越少，到最后完全消失。如今的情况也是这样，办公室中相当一部分的业务已经完全由电脑代替。用消极的态度面对一切，做着谁都会做的事情，这样的未来是没有保障的。

拥有我专属的色彩，创造只属于我的领域，这样的人无论在哪里都能受到瞩目。他们才是未来社会翘首以待的人才。

当然，并不是所有人都能成为领导者。有些人适合阵前指挥，有些人适合后方部署，更多的人则是给予他们支持，和他们一起走下去。但身怀领导者气质成长起来的孩子，无论身在何处，都能凭借自己的能力成为领头人，并从中获得满足感，干劲十足地完成自己的任务。比起成为领导，后者其实更重要。

我曾看过一篇关于世界 500 强企业各总裁的采访。报道中透露，在选拔人才时，除了考虑专业因素，他们还会注重寻找那些爱好音乐或美术，并有相关经验的人。实际上，一家公司的高管层里，比起专攻一门，他们大多数都多才多艺，在人文社会领域多有涉猎。这从另一方面证明，这个社会需要的是身兼多样性和包容性的领导人才。

领导力还包括对当下快速变化的未来社会的适应能力。因为有可能当我们一觉醒来时，身边的一切早已发生天翻地覆的变化，所以我们要尽可能地去了解更多的领域。当有比自己懂得更多优秀知识和技术的人出现时，只专攻一门的人只能为他们腾出一席之地。那些多才多艺的人，有着创造力和超前的规划能力，能建造出无人能出其右的、专属于自己的领地。

每当给那些因子女教育问题而苦恼的父母们做咨询时，我都会嘱咐他们，希望他们能为子女提供更多的机会，好让他们能有更丰富的体验。多种多样的经验不仅能扩大孩子们的思考范围，更能让他们有机会思考自身、反省自己。旅行也好，体验学习也好，宗教或是同好会等团体活动都是不错的选择。

把孩子们培养成只来往于学校和补习班，一心扑在学习上的模范生，这只是父母们的一己私心，对孩子们的人生不会带来任何帮助。与其只想着如何提高眼前的考试成绩，倒不如集中精力，想办法去改善孩子们的未来，好让未来的综合能力更上一层楼。

我们理应谨记，我们的孩子拥有足以成为世界领导者的潜质和文化土壤，我们理应为孩子的未来提供帮助。如果孩子们能独立思考并规划他们的未来，他们自然会认真学习，即便不靠分数，他们也能找到未来要走的路。

比起成功人士，做个有价值的人吧

梦想并不是非选择哪个学科不可，更不是未来要做什么工作。

与之相反，选择什么样的道路，从而成为怎样的人，如何实现自我，这才是至关紧要的问题。

在韩国，无论是父母还是孩子，都把考大学作为首要目标，把考上重点高中和外国语高中视为成功的保障，甚至认为这关系到家庭幸福。甚至连阅读，他们也会选择和大学入学考试有关的书籍。

但考上大学后，真正的问题就开始了。他们所烦恼的并非“该怎样生活”或是“我该做什么”，而是“应该拥有什么样的技能，才能找到一份好工作”。等孩子进了家人一直看好的公司之后，婚姻又成了问题。安排相亲其实就是秀条件，所以需要一定程度的包装。这样到了最后，家人对我的梦想或者目标的出发点已不再是我，而是为了做给别人看而已。

诚然，无论是考大学还是结婚，这两者在我们的人生里都很重要。在哪里结识什么人，都会影响甚至决定我们的一生，这种观点并非夸大其词。但是将赚钱或成功作为人生目标，并以此为基础做出选择，这样很难获得幸福或满足。这是我的经验，大量的学术研究结果和结论也支持了这一观点。

如果想让孩子真正过得幸福，父母应该让他们明白，比起金钱，更重要的是去做能获得快乐和幸福感的事情。

在日新月异的科技发展和复杂的国际环境影响下，世界的价值观正在急剧变化。要想过上风平浪静的日子，首要条件便是家和万事兴。

以家庭和睦为基础，带动左邻右里乃至整个社会一起发展，我们的生活需要对造物主和人类有足够的认识和信任。因为人类是社会性、文化性的动物，并非养活，自己就能满足。

因帮助别人而变得更幸福的孩子

长子京柱毕业于耶鲁大学医学院，曾任马塞诸塞州公共保健委员长、哈佛大学公众保健研究院副院长，后来被任命为奥巴马内阁的卫生及公共服务部次长。作为美联邦政府最大的机构，卫生及公共服务部一共有七万名工作人员。可以说这是美籍韩裔迄今为止在美国医学领域的最高职位。

京柱之所以取得这样的成就，离不开他自身的严格自律。从幼时起，京柱就一直铭记自己是高家长孙，比谁都要认真学习、认真做事。还在念医科时，京柱对医学伦理极为关注，并攻读了神学院伦理课程。这孩子受耶鲁大学神父威廉·斯隆·科芬二世（William Sloane Coffin. Jr.）影响极深，一直将其奉为导师，直到神父去世。科芬神父被保健会医生聚会奉为伦理讲师，为提高医学界和保健专家们的伦理知识做出了卓越的贡献。

京柱曾认为，只要能成为出色的医生，就能悬壶济世。但愈是钻研医学，他就愈感到现实中越来越高的壁垒。当时京柱正在研究癌症，整日看着患者们徘徊在生死边缘，边接受治疗边被病痛折磨得死去活来，他就越感觉到现代医学的局限性。医生明明已经无能为力，却还要向濒死的患者隐瞒“用金钱来吊命”这一事实，实在太强人所难。当自身价值观与现实之间出现难以调和的矛盾时，京柱着实苦恼了好一阵子。最后，他将研究方向转为预防医学。因为他觉得，只治疗已经产生了的疾病，远不能拯救被病魔折磨的患者。

“研究癌症，治疗病危的患者，只需要学以致用，这对我来说并不难。真正让我感到身心疲惫的是我无法直视患者和家人在抗癌过程中所流露出的痛苦和绝望。”

京柱已经从单纯以医术帮助别人的热情中跳脱出来，探究真正的悬壶济世之法。在当时，别说是普通人，就连医生自己都没意识到预防医学的重要性。为了实现自己的梦想，京柱在医学系传道授业的同时，还在保健福利这一领域展开了研究。

京柱坦言，只有帮助更多的人，他才能感到更安心。京柱的愿望，不是以金钱为代价来为患者治疗，而是要从根源上预防疾病。京柱白首穷经，不是为了单纯研究医学，而是通过医学来保障人权，为人类服务。

实现价值，财富自来

在帮助身边人的时候，京柱感受到由衷的、纯粹的快乐。也因为这样，他对移民少数群体的常见病，或是韩国人更容易患上的疾病表现出极大的关注。如果京柱是那种热衷于名利的人的话，他也就不必像现在这样辛苦。

皇天不负有心人，京柱这份纯粹的热情所蕴含的价值得到了人们的认可。他从马塞诸塞州公共保健委员长做起，后来成为奥巴马内阁中的一员。他所作出的努力，为的不是社会性的成功，而是为了实现自己的梦想。他所获得的成就，不仅仅是那些已经紧握在手的成功，而是成为了一名受人尊敬的人。

我也只不过是个平凡的母亲，看到自家孩儿立身扬名，满心都是感激和高兴。但我的这份喜悦，不是因为儿子已经闻名四海、光耀门楣、名利双收。

那是京柱念耶鲁大学医学院时的事情了。有一天他给我打电话，说自己获得了国家保健委员会（NIH，National Institute of Health）的医学书籍编纂赞助。京柱对我说了这样一番话："我尽了全力去追逐梦想，虽然读的是最冷门的预防医学，但最后我获得了国家保健委员会所提供的巨额研究费用。其实静下心来想想，虽然爸妈不富裕，但你们从未让我以后要挣大钱。真的很感谢你们一直鼓励我要追寻自己的理想，为社会做贡献！这笔巨额研究费用没有落在那些总把金钱挂在嘴边的同学身上，反而给了我一个机会。我真的很感激两位的教诲！”

京柱的医生朋友中不乏追名逐利之辈。其中当然也有不少人收入不菲，但没有几个能像京柱这样获得如此高昂的研究费用。比起金钱，人更应追求创造价值。财富也是有眼光的，它会紧随那些能实现价值的人。

得知儿子获得赞助，我固然高兴。但是更让我欢喜的，是京柱正确地理解了我传授给他的价值观，并在他的人生中加以实践。

这是父母教会我的东西，我在这一生中自然而然地就将它传授给了我的孩子，然后再由他们教给孙子孙女们。原来这就是人生的价值啊，结束通话后，我陷入了长长的沉思。

孩子有需要时，给予恰当的帮助

只想给孩子最好的，这是天下父母心。就算只是吃苹果，他们也想着要把最大最好的留给子女，自己吃那个又小又涩还烂一块的，这是人之常情。就算已经好久不买新衣裳，也要给孩子置办最好的衣服；就算起早贪黑披星戴月地工作，一想到能给孩子挣到他最想读的学校的学费，再苦再累也都甘之如饴，这就是父母的心啊！

但是，当孩子们寻觅他们要为之奋斗一生的事业时，我们需要改变方式去接近他们。当然，父母总想把最好的都留给孩子，他们想给孩子的，是能让全世界都艳羡的东西，是自己当初未竟之志。但这份心意之于孩子，说不定会在某个时候变成有害的毒药。

孩子不理解父母的心，哪怕他们其实愿望一致。因为孩子虽然继承了父母的基因，但他是和父母完全不同的，一个独立的个体。

因此，当你想要给予孩子某些东西的时候，你需要先了解他们的想法。这件事对于父母来说固然是好的，但对于孩子，则有可能成为他们的负担。长此以往，这将会变成一副镣铐，让孩子下意识地退避三舍。

特别是那些被父母寄予了厚望的孩子，他们从不轻易透露自己的想法，总是被动地接受父母的安排，隐藏自己的真心。正因为太清楚父母的期待和牺牲，所以他们不忍心违背父母的安排，害怕让双亲失望。这样下去的话，时间长了，孩子就会丧失自主选择或做决定的能力。到那时候，他们就只懂得依赖父母，因为觉得自己没有什么有用的意见，所以他们也就打消了和父母分享想法的念头。

只懂得跟随父母的意见被动生活的孩子，他们注定缺少做事的乐趣，以及对既定目标的意志。虽然是理想，但那并不是自己的梦想，虽然是自己的分内事，但那并不是自己想要做的，所以他们的目标就变成了不功不过，只求不让父母失望。

孩子自身的问题，让孩子自己去做决定，自己去做选择，这是我的老生常谈。“你才是自己人生的主人，没人能代你去做决定。”

当孩子请求帮助时，父母要耐心倾听他们的烦恼，只给予他们所需的帮助。不能太急，也不能太过。要如何才能让真心不成为“唠叨”，切切实实地传递给孩子，父母还需要在这方面多下苦功。

父母指点方向，让孩子自己做出选择

次子东柱还在医大当研究员的时候，曾向美国第一大财团提交过一份研究计划，最后却惨遭淘汰。对于东柱而言，那是一份自我感觉相当良好的计划书，他亦对此信心十足，没想到栽了个跟斗，他便给我打电话，抱怨对方处事不公：“入选那份计划性质虽然和我的差不多，但水准明显比不上我这份。但财团为什么就拒绝了我？怎么能这么不公平？”

我耐心地安慰怒气冲天的东柱：“东柱啊，你有没有想过，这件事不应该使你和财团断绝关系，说不定是一个重新开始的机会。如果对自己的计划书真的这么有自信，那么你该做的，不是在这里发牢骚，而是去找那个拒绝了你的评委。你要直接去找他问个明白，自己为什么会落选，是不是还有什么不足之处，所以拒绝给你研究经费。而且你要条理分明地再次分析给他听，自己这份计划书到底有什么优点。”

听了我这番话，东柱整理好自己的思绪，一口气从波士顿赶到了华盛顿。他去找评委，把自己这份计划案的特点一五一十地重新说明了一次。听了东柱的讲解后，财团负责人爽快地拨出了经费，东柱主持的第一个研究计划终于取得了成功，其成果大家有目共睹。但如果东柱没有再尝试一次，只懂得抱怨自己所遭受的不公平遭遇，他说不定就与这个计划失之交臂了。幸亏他听从了我的劝告又再尝试了一次，最后才得到了这个宝贵的机会。

我一直认为，抽时间与孩子交谈，这是非常重要的。特别是作为一个做学问的前辈，虽然学科之间各有不同，但研究学问时追本溯源的原则殊途同归，我自然就能在对话中向他们提供实用的建议。以这次发生的事情为契机，当身边的同事再申请研究费用时，东柱就会把我那时候的劝告，原封不动地转达给同事们。

长子京柱也遭遇过类似的事情。那时他还在耶鲁大学读大一。有一次，为了一份企划案作业，京柱给我打电话，我们母子俩谈了很久。为减轻京柱的负担，我告诉他教授们一般期望在大一新生身上看到哪些能力。和我交流的时候，京柱整理了自己的想法，最后以轻松的语气结束了这番通话。后来京柱谈起这件事，他告诉我，室友当时一直在旁看着他打电话，最后这样对他讲：“我从不会跟老妈谈起这种问题。能有这样倾听你心事的母亲，我真羡慕你啊！”

为何要分秒必争地学习

父母尚未察觉时，孩子已经不知不觉长大成人。如果想要和心智越来越成熟的孩子好好谈下去，我们必须要具备一定的常识和知识，这样才能充分地了解孩子的生活。

如果我们只一味地把儿女当做小孩子，不去理解他们的内心世界，那么孩子就再也不会主动要求和父母沟通。站在父母的立场上，他们会抱怨自己连孩子心里在想什么都不知道；但是从儿女的角度来看，只是觉得无话可说。

我教书育人一辈子，自认为也算熟知年轻人的文化乃至想法。但我给孩子们的建议，并不是什么专业知识，只是一个大体的架构，所有的选择乃至付诸行动全由孩子们自己来完成。但我经常关心丈夫和孩子们在做些什么、在想些什么。只有聆听他们的想法，你才能和他们持续对话，并提出行之有效的方法。

直到现在，我每天早晨都会上网阅读和孩子们有关的新闻，作为我的一日之始。特别是洪柱，我几乎每天都能看到和他有关的报道，阅读他所做之事的相关报道，我觉得自己仿佛进入了一个崭新的世界，里面充满了我需要学习的新知识。

兄弟俩相继成为奥巴马政府内阁成员后，我要学习的东西也与日俱增。因为如果不这样做，即便是他们的母亲，我也会越来越难以和儿子们进行交流。如果不多读报，我就不知道如何才能正确地安慰和鼓励儿子们。所以虽然已年过八旬，但我依然分秒必争地学习，从未有一日懈怠。

领导者之位无关性别

此外还有一件事情，我一直认为很重要，那就是不能以男女差别的陈旧思想去对待你的儿女。领导者没有男女之分。因为作为领导者，最重要的是才能和力量，而不是性别。如果一开始就以女性的标准去断定自己的孩子以及她的未来，这么做会削减孩子本身所拥有的一半以上的发展可能，这样去和别人竞争，显然是无法领跑的。

在我小的时候，男女差别对待在韩国被认为是理所当然的事情。这种观念影响太过深远，甚至有很多人认为如果女儿学习成绩太好，会阻碍儿子们的发展。幸运的是我的父母并没有因为我是女孩就实行差别对待。相反，他们把我这个长女当作长子来栽培，无论是儿子还是女儿，他们都因材施教，让我们边干活边学习。

教育孩子时，我也从未有过男女之分，必要时我会教儿子们煮菜做饭，也会让女儿们去钉下钉子。圣诞节时，我给儿子们的礼物是中国的圆底煎锅，或是一个鼓鼓囊囊的针线盒。次女京恩在大学毕业后就打包好了行李，独自开着大卡车，从波士顿一路开回位于纽黑文的家。后来她工作了，便又如法炮制，独自开车搬到纽约。因为不想花 500 美元请搬家公司，所以她自己开着卡车运走了全部家当。“因为我是女人，所以没法搬运行李，也没法开卡车”这种想法，对我女儿来说从来都不成立。

小儿子正柱曾在哈佛大学合唱团担任副会长。那时正柱领着一百余名合唱团团员，前往深山展开为期一周的旅行。但是有一个艰难的任务：那就是要准备这一百多人一周内的口粮以及食材，制定菜单并购买所需的材料，这可不是一件倚马可待的活儿。但正柱游刃有余地解决了这个问题，连他自己都感到吃惊：

“就算那时我还是副会长，我也没想过自己能完成这个任务。要在一周内制定百来人的菜单，我连想都不敢想。以前我总觉得，所谓的副会长就是负责和团员们讨论和音乐有关的问题并做出决定。但直到这件事情之后，我才懂得了更多：准备食物，要考虑的除了味道，还有营养，要计算所需的费用，甚至要考虑到不同宗教之间的饮食禁忌……如果我以前十指不沾阳春水，是绝对没办法完成这个任务的。但在当时，我是第一个站出来挑大梁的人，所以现在对自己更有自信了，朋友们也对我刮目相看了。”

把孩子当做未来的领导者去看待吧

正柱说，他后来领悟到，如果想成为领导，除了自己的专业，还需要具备对其他领域的知识。所以他很感激父母当年没差别对待地教育他和其他兄弟姐妹，而是让他们尽可能地拥有各种各样的经验。最后正柱通过这次的锻炼，了解到了身为领导者所需要的素质，以及自己所需要扮演的角色。

想成为领导者，你必须要能掌控任何情况，并将各种不同的人管理得井井有条。因此在生活中，我们应直接或间接地去体验大大小小的事情，这样才能充分地去履行身为领导的职责。此外，领导并不只是管理同性，所以在平时，我们亦不应以男女之别来限制他们进行各种尝试。男女平等这一价值观固然可取，但是亲身经历也同等重要。

我们很难期待学校会有这种教育，只能从家里开始实施。所以我常说，父母没有必要替孩子包揽各种事情，总是对孩子说你们什么都不需要担心，只管好好学习，这种行为是相当危险的。如果想要孩子拥有相当丰富的经验并成为领导者，我们就应好好思考，什么样的教育才能让他们能体验到更多。无论是儿子还是女儿，只要你们把孩子们当做未来的领导者，子女的教育问题便能迎刃而解。

开启正确人生之路的方法

和过去比起来，我们的寿命延长了许多。如果不多做些有意义的事情，那我们就是在浪费生命。只有寻找到人生目标，我们才能有意义地过好这一生。所以“我是谁”之后随之而来的必然是“我该做什么”。这个“什么”，简单说来就是梦想和终身目标。要想实现它，我们就要不断地去尝试，不断地去改正和完善。

目标需明确，不可轻易动摇

我从小就有一个自认为远大的理想，那就是为祖国的现代化和发展做出贡献。虽然一开始目标很明确，但当时我不知道具体该如何实现。年幼的我所能做的就只有努力学习而已。

在梨花女子大学英文系读大二时，我获得了迪金森学院提供的全额奖学金，以及作为交换生留学的机会。在那个出国不是经常发生的年代，一个 19 岁的女孩要孤身前往美国，我周边的人对此表示非常担心。但那时初生牛犊不怕虎的我怀着一腔热血，决定赴美学习。

我从迪金森学院毕业，考上了哥伦比亚大学的研究院，并拿到了奖学金。后来我认识了丈夫高光林博士，他那时刚考上哈佛大学法学院，我便搬到剑桥市，在波士顿大学继续攻读研究生课程。我本科读的是经济学和社会学，因为我希望自己能为百废待兴的祖国尽自己的微薄之力。

但是在美国学到的经济学和社会学知识，和我想为韩国社会作贡献的理想仍然有着莫大的差距。经济学是以需求和供给为主要观点，以此来分析经济走向，这和韩国的情况并不相符。社会学内容主要由犯罪社会学和种族关系组成，但在研究社会的历史变迁上仍有诸多不足。虽然我认为这和我受韩国的价值观和社会构造的影响过深不无关系，但遗憾的是，社会学所涵盖的知识仍然不够全面。最后我决定去攻读人类学——只有彻底弄清韩国的文化特征，我才能找准方向。

当时在美国，人类学主要研究原住民社会，想要以此来阐释复杂多变的东方社会，仍是力有未逮。

在亚洲国家当中，当时的韩国并不受世界瞩目。在这种环境下，向世界宣扬我们民族文化的特殊性和优秀性，这才是我该做的事情。此时，我感觉到了这种强烈的使命感。

与此同时，我有了这样的觉悟，那就是一定要总结出一套中日两国人民乃至其他文化研究者都必须沿用到的韩国学调查方法理论，让那些对韩国毫不关心的人也知道韩国。为此，我开始比较、观察、分析乃至研究中日韩三国的文化特征，并发表我的研究成果。

当时的韩国学资料三分之一是英文，三分之一是日文，剩下的才用韩文记载。在上世纪 60 年代初期，人们普遍只用计算机或数字，于是我着手开发以罗马字和非罗马字组成的比较文化信息系统。除了软件之外，我们还开发了硬件，可以说这是一个非常庞大的计划。

开始进行研究时，国内基本上还没有计算机这个概念，直到 1968 年，东亚日报才对我的研究进行了名为“电子计算机的韩国学开发”的报道。这篇报道刚出炉，我就收到了关于“韩国学到底是什么”“女人怎能操作机器”“竟然用机器来做学问”等诸如此类的责难。但是它们都无法动摇我内心的目标，那就是为韩国的社会发展作贡献。

在那时，丈夫还只是兼职讲师，要以他一个人的薪水来养活六个孩子，还要支付我俩的学费，他的压力非常大。再加上除了让孩子们参加教会青少年团，还要给他们做个人课外辅导，每件事都不能掉以轻心，很多时候我都会想自己到底为什么要活得这么累?

但是当我用母乳喂大六个孩子，帮丈夫录入数篇论文、接待络绎不绝的客人和留学生时，我便对这项研究工作生出永不熄灭的热情。

在诞下老四的几个月后，我终于在波士顿大学研究院取得了社会学和人类学的博士学位。一想到我现在的研究能为我们民族所用，我心里便会萌生喜悦。那就是支撑我继续努力下去的力量。

大梦想，高目标

1952 年，丈夫与我成立了韩国研究所（Korea Institute）。随着对东西方的文化理解的加深，我们夫妇俩感受到的使命感便越来越强烈，那就是要宣扬韩国和东方的传统文化。我们要培养出活跃在世界舞台上的领导者，让那些经受着种族歧视和认知混淆的第二代移民们深刻了解他们自己的根源。

为此，从 1970 年起，我们定期召开“在美韩国人年会”，这个传统由东岩文化研究所（East Rock Institute）继承下来，并发展为一个下一代领导者养成项目，名为“兄弟会”，至今已有 30 余年的历史。

为了能让美国的教育中渗透韩国的文化，东岩文化研究所不仅向美国人和初高中教师们介绍韩国文化的特性，还开展了各种各样的交流活动。与此同时，我们亦全力以赴，向那些来自全世界 170 多个国家、在美国长大的侨胞子女们讲述韩国的文化和历史。让那些在多文化圈中成长的韩国人后代能确立自己的认同感，从而成长为世界性的领导者，这是我们的目标。而现在，我的梦想正在逐步地实现。

自项目开展以来，大量的本科生和研究生都前来参与。他们现在都成了各个领域的专家，在岗位上担任着举足轻重的角色。我们夫妇一直深信“教好了别人的孩子，自己的儿女也会健康成长”，事实上，我们也得到了回报——我们家六个孩子，还有孙子孙女们都茁壮成长，我们对此感激不尽。

无关孩子，父母自己的梦想是什么？

东岩文化研究所现正朝着两个目标迈进。第一个是网上运营的世界移民博物馆（Virtual Diaspora Museum）。我们之所以设立这个博物馆，为的是保存并展示移民者的贡献，确立多文化社会的认同性。其中一例是“文化服饰（Culture

Wear)”运动，它通过展示以韩国为主的儿童服饰，从而和其他文化圈服饰的进行比较，并邀请他们一道参与其中。以2008年后在美国、韩国、日本等地召开的国际会议为契机，世界移民博物馆在国际上逐渐占有一席之地。

研究所的第二个目标，是一个为急剧老龄化的美韩两国的未来而设立的项目。东岩文化研究所一直致力于促成耶鲁大学专门研究院和韩国几所大学之间的人才交换项目，为了迎来下一代生育高峰，研究所和那些与我所住的惠特尼中心相同性质的其他退休公社一起合作，开发非盈利老年人共同体系统。该计划相关的国际会议从去年起就在美国和韩国召开，具体事宜也在逐渐落实当中。

回首人生，我的理想从萌芽时起就一直在不停地向前推进。直到如今，我虽已年过八旬，但那些曾被认为虚无缥缈的梦想真的实现了许多。我经常强调一点，那就是人一定要志向高远。平常人看到他人梦想远大，总会嘲笑他不自量力，净做白日梦。但是那些连梦想都没有的人才更可悲。这些梦想看似荒唐，但就算只实现了一部分，那也比那些连梦想都没有的人有更多的收获。

志向远大的人为了实现梦想，会比其他人付出更多的努力。在这过程中不可避免的困难和考验，在日后将成为生命中的智慧和力量。

这样的人即便遇上挫折和失败，也一定能重新振作起来。

因为梦想能激发出比考验、挫折乃至失败更强大的力量，逆境也能化为感激的祈祷。树立人生目标，并寻找能将它变为现实的方法，这个过程才称得上是真正的人生。

当你真正抚养孩子时，你就会发现，在许多个瞬间里，父母的贪婪总是抢在孩子的梦想前头。因此，我们应该做一些训练，让父母的梦想得以和孩子的分离开来，并单独去认识它们。看着父母树立梦想并逐步实现，对孩子来说，这是最好的教育。因为在这样的父母熏陶下成长起来的孩子，他们自然而然就会去寻觅自己的梦想，在完善和发展的过程中完成自我。所以在这里，我想提出一个问题：

“无关孩子，各位的梦想是什么呢？为了完成这个梦想，您现在有没有为之付诸行动呢？”

第3章

诚信领导法的品德3

我该怎么做？

父母尽心尽力地做着自己的事情，到头来他们会发现，自己所做的事，大多都和好好抚养孩子，希望能对孩子的未来有所帮助。看到父母如此努力地生活，孩子自然而然就会去寻找他要走的路。潜移默化地，他们就继承了父母的经验和智慧。如果父母的人生能成为孩子人生的支柱，能够给予他们灵感，那父母的人生便有了意义。

父母努力生活的模样是对孩子最好的教育

在那个社会动荡的年代，我和丈夫身在国外，但仍然相濡以沫，随着京信、京柱、东柱、洪柱、京恩、正柱相继出生，我们的生活条件也逐渐好转。在抚养六个孩子的同时，丈夫和我并没有放弃学习，学位一个一个地拿，课也一节一节地教。我们还齐心协力，设立并管理东岩文化研究所。

1989 年，丈夫因脑中风在工作岗位上倒下，与病魔斗争六年后与世长辞，那时，我们已结婚 38 载。丈夫一直是我的精神支柱，是我志同道合的同伴。没有他在我身边的日子，我根本无法想象，他对我来说是独一无二的存在。

当我得知丈夫已病入膏肓、回天乏术之后，我为余生定下了三条原则。第一，一定要正直地活着，无愧于心；第二，在所剩无几的时间里为理想全力以赴；第三，要时刻三省吾身。那时的我相信，只要坚持这三条原则，我就能有意义地度过余生。在丈夫离世 23 年后，这种想法的正确性最终被证实了。

只会动嘴皮子的父母和以身作则的父母

现在我们家是有 45 名家族成员的大家庭。人数本来就多，再加上除了居于美国华盛顿、波士顿、纽约、加利福尼亚等地的成员外，有的还居于首尔，乃至中国和新西兰。家族聚会便成了一个大难题。

丈夫去世后，我愈加重视和家人们相聚的时光。即使无法阖家共聚一堂，但只要儿子儿媳、女儿女婿、孙子孙女，还有重孙女回来探望，我便感受到莫大的幸福。我的孩子全都茁壮成长，在不知不觉间成为了优秀的父母，还给我带来了乖巧可人的后代，想到这一点，我便由衷地感激。

而最让我激动的，莫过于在孙子孙女们身上发现我和丈夫的影子。有一次我问长子京柱的二儿子，问他以后想做什么。这小家伙跟我说他以后要念哈佛大学的商学院。令我感到惊讶的是，这孩子说等拿到学位之后，他要进入非盈利组织工作，给贫困家庭的孩子们讲授经济课程。这并不是不着边际的心血来潮，这孩子非常清楚，如果想要帮助别人，首先要解决的就是经济问题，在这种判断之下，他从两年前就进入一家公司工作，并开始筹集资金。与此同时他也确立好了自己以后找什么样的对象，那就是和我丈夫一样，把自己的一生奉献给社会，和自己志同道合的终身伴侣。

我们夫妇俩一直怀着这样一个志向，那就是要为祖国奉献我们的一生，并尽全力去帮助别人。因为意志坚定，所以无论遇上多少困难，我们都从未轻言放弃。即便东岩文化研究所经历了无数的难关，但因为我们有自己的信念和使命感，所以六十多年过去了，我们一直努力坚持了下来。

我和丈夫从未强求孩子们要和我们有同样的想法。更遑论孙子孙女们，我们根本没有机会向他们讲述这些故事。

但即便如此，我们夫妇俩的思想和价值观仍然得以传承。我的儿女们在父母的熏陶下成长起来，他们清楚地认识到自己身体里流淌着韩国人的血液，也明白这份文化的重要性。

六个孩子和孙子孙女们都对东岩文化研究所有着特别的感情。我们没有帮手，一个小家伙登陆搜索引擎，让东岩文化研究所登上了搜索词第一名。其他孩子在首尔国立大学法学院担任研究员时，从东岩文化研究所的网站上获得灵感，写出了以韩国阶级社会和国际人权法之间的关系为主题的论文。除了大女儿京信，其他孩子都和外国人结了婚，但是孙子孙女们都为韩国的文化感到自豪，我对此亦是非常感激。

说真的，比起照料孩子，我觉得自己现在的生活要更为充实。和其他的侨胞父母相比，我没在孩子教育上花太多的心思，这的确是事实。但是实际行动胜于百句劝诫。看着父母每天都在为自己的目标全力以赴，我们的孩子也自发地找到了人生的方向。因为父母这一生都奉献给了社会和祖国，那么孩子，还有孩子的孩子也会拥有和他们类似的想法。

父母尽心尽力地做着自己的事情，到头来他们会发现，自己所做的事，其目的大多都是要好好抚养孩子，希望能对孩子的未来有所帮助。看到父母如此努力生活，孩子自然而然就会去寻找他要走的路，自然而然地就继承了父母的经验和智慧。

现在我充分相信，我的孙子孙女们在未来必定能成长为能为社会发展出一份力的大人物。一想到他们能成长为比父母还要出色的人才，活跃在世界各地，我就感到非常激动。如果我们夫妇俩的人生能成为孩子人生的精神动力，能够给予他们灵感，那我们的人生便有了意义。

随着年岁渐长，我也经常会想，在我离世之后，后人们是否还会记得我。尤其是对孩子们和孙子孙女们来说，我不知道自己是否有给他们留下一个好的印象。如果在我与世长辞后，孩子们会觉得我是“值得学习的母亲”，那我可以毫不犹豫地说，我的人生是成功的。

胡乱发火只会让沟通无法继续

只要家人之间彼此爱护彼此关怀，无论什么样的问题都可以通过沟通来解决。但如果家庭成员之间平时就缺少交流，那么再小的矛盾都可能会演变成不可收拾的冲突。

这种情况特别容易发生在不听取孩子想法，只一味强求子女们遵循自己的意愿的父母身上。比这更严重的，是父母觉得这样的强求都是为了孩子好，这种想法毫无疑问是大错特错的。连孩子的想法都不知道，又该如何解决冲突。曾经有个被和父母的矛盾折磨得心力交瘁的学生跟我说过这样一番话：

“每当我想和妈妈好好谈一谈的时候，她就会说‘我们现在不正在谈吗？你还需要谈什么？你到底在不满些什么？你只管学习就好了’。”

如果孩子跟你说需要谈一谈，那就是他们在对父母发出求救信号。但是以发火来作为对话方式的母亲是觉察不到这个信号的。她只会觉得，她知道孩子需要什么，所以她给了孩子比别人更好的饮食、更好的衣服、更好的学习用品、更好的学校，哪里还需要什么对话？这样无视孩子的意愿，到最后只会使孩子变成我们经常提到的问题儿童。

孩子们就像花朵，在朝露的温柔呵护下，花骨朵们便会灿然绽放，但若是遇上暴风雨，蓓蕾们就会立刻闭合。这是他们的自我防御机制。

因此，如果想和孩子开诚布公地畅谈，父母们首先要斟酌一番。除了要认真说，更重要的是耐心倾听。在此前给予孩子提要求的人实在太多了。但是对孩子来说，比起咨询或是劝诫，他们更需要的是一个能倾听自己、理解自己的人，是一个能和他们有同样高度、同样感受的人。

父母和孩子一旦在心理上有了隔阂，那往后的教育就很难取得成果。孩子如果不信赖父母，又如何能去尊敬和理解父母？如果孩子认为连最该信任最该依赖的父母都不值得信赖和跟随，那么孩子日后也不会懂得爱与关怀。

因为自己从未得到过承认，所以也很难去承认他人。家庭内部如果缺少对话，甚至拒绝沟通，那么孩子就会连和他人相处的能力也会一并失去。

有许多父母总以平时太忙为借口缄口不言。他们说自己是双职工，从早忙到晚，一天很快就过去了，孩子们在学校和各大补习班间来回奔波，双方根本就挤不出时间交流。

在这里我想请问各位，难道说话需要花钱吗？父母和孩子间的交流难道会浪费很多时间？

沟通并不是金钱时间两充裕的家庭才能消费得起的奢侈品。它就像吃饭睡觉一样，是生活中自然发生的事情。

聊天时，可以让我们在观察对方的同时阐述自己的立场，是最自然不过的沟通方式。如果孩子不愿意和父母谈话，我们不要从孩子和自己身上找原因，而应从夫妇关系入手解决问题。如果父母平时连日常交流都成问题，在这种环境下长大的孩子就会变得沉默寡言，难以与人沟通。

如果父母没有展现出相亲相爱、相敬如宾的一面，孩子日后也无法学会爱与尊重。

利用早餐时间进行对话吧

正如前文所说，我们家一直都是一起吃早饭，边吃边聊天的。无论有多忙，全家人一定要一起用早餐，这是丈夫定下来的规矩。在丈夫心中，没有比边吃早饭边认识“家人心目中的我”更重要的事情。

其实，在新婚燕尔时，我也无法认同他这个规定。当时我为功课和工作忙得焦头烂额，早晨用餐时间却被延长，使得我把手头的许多急事往后推，对此我也曾有过不满。但当孩子出生后，我们一起围在餐桌边谈天说地时，我才懂得丈夫的这个想法是多么正确。

举例来说，观察孩子们早晨时的表情和态度，我就能估摸出他们昨天所做的事情。如果有孩子看起来不若平时开朗，反倒显出忧郁之色，那我就会将更多的注意力放在他身上。

在这里有一点很重要，那就是在观察孩子的时候，你不能露骨地表现出身为母亲的关心，不能因为担心孩子，就不管三七二十一地刨根问底“你表情怎么这样？发生什么事了”。这样只会让孩子觉得秘密被揭穿，从而把自己的心事更深地隐藏起来。就算他有话想说，见状也只能保持沉默。父母心焦追问，压迫感加上压力，孩子干脆就缄口不言。一般遇上这种情况，我就会问其他孩子：“你弟弟最近是不是有什么烦心事啊？”

比起父母，共用一个房间的兄弟有更多交流和观察对方的机会。像这样旁敲侧击，反而能更有效地找出帮助孩子的方法。如果直接发问，本就委屈的孩子只会气呼呼地给出“够了！”或是“妈妈根本什么都不知道！”这一类的回答。

青春期的孩子尤其如此，明明没有发生什么，他们极容易就感到委屈。不想学习，成绩没有起色，好朋友和别人走得更近，个子比朋友高了或矮了，这些都极容易让十几岁的孩子感到焦躁不安。从父母的角度来看，那些都是不值一提的小事。但是这些问题之于父母是小事，对于孩子来说，那就是极其深重的苦恼，让他们觉得天都要塌下来了。

在这些问题上，双方有着巨大的认知分歧，如果父母一个劲地追问缘由，孩子只会越发感到委屈。此时若是由父母中温柔的一方去接近孩子，这也不失为一个好方法。陪孩子一起购物，一起欣赏他喜欢的电影或是电视节目，这样自然地共度愉快的时光，也是非常有效的做法。

我非常珍惜给孩子剪头发的机会。每当这时，我抚摸着他们的头发，剪完之后给他们洗澡，洗完澡以后给他们擦润肤露，凭借母亲和孩子之间的肢体接触提高心灵上的亲密度。抓住这个机会自然地问出你想知道的一切，孩子就会毫不抗拒地向你倾诉心事。

言语之力，可成活命水，可成夺命毒

很多父母都会犯这样一个错误，那就是在孩子说完某件事情后立即给予评价。事实上无论是谁，如果对方会对自己所说的话做出分析或评价，那么你很容易会生出戒备之心。如果想要这场对话能持续下去，父母应该对孩子表示支持理解，或是通过提出其他问题，引导孩子继续说下去。只有通过理解话中蕴藏着的巨大信息量来读懂孩子的心，父母和孩子才谈得到一块去。

如果是孩子先开的口，那就表示他在请求父母的支持。因为在这世上就算没有人支持我，父母也一定会永远站在我这边，做我最坚实的后盾。但是许多父母不懂孩子的心，只会一味地斥责，更别说是支持了。

在这种环境下成长，再能言善辩的孩子也会变成闷葫芦。因此，我们需要拥有等待的智慧，等到孩子愿意阐明自己的立场，并主动寻求父母的支持和安慰。

从我家的情况来看，一旦我摆出母亲的架势，总有孩子会打开话匣子滔滔不绝，也会有孩子闷着头一声不吭。

问题的关键在于时间。只要父母能耐心等待，孩子总会开口。即便是在他人面前难以启齿，但只要孩子感受到父母是真的爱自己，那么到最后他们还是会向你吐露真心。

把清晨祈祷或是家庭会议定为谈心时间，这是个很好的做法，我们应该把这种交流变成日常生活的一部分。如果孩子一旦确信父母总是在努力地了解自己，他们就会主动向父母提及那些连父母都未必会注意到的方面。如果能做到这样，即便发生问题，父母也能在情况变得严重之前给予帮助。

孩子会向父母倾诉的难题主要分为以下几项：和同学相处不和谐受到了排挤、犯错后被老师严厉地批评、对异性朋友产生了一些微妙的感情。

好不容易结结巴巴倾诉完毕的孩子，他们最怕听见的就是“肯定是你自己没做好才会这样的吧”或是“不好好学习，净想些乱七八糟的东西”诸如此类的斥责。

我曾看过某个家庭做礼拜，父亲为儿子祷告。儿子只有六岁大，原本一直在旁静静聆听，突然悄无声息地站起身离开。最后母亲发现儿子偷偷躲在房间里哭泣，便问他原因。儿子这样回答：“爸爸只跟上帝说我的不是。他从来没夸我做得好。”

某项调查结果显示，从出生起截止到六岁，孩子至少被父母斥责了 4 万遍。他们每月平均挨骂 666 次，每天平均挨骂 22 次，这个数字相当恐怖。“你怎么就这么让人寒心”“你怎么这么没用”“你都在干些什么呀”这类伤人的话语就像冰雹，孩子每天都要劈头盖脸地承受好几十遍。

更严重的问题在于，这些指责会在孩子的心里积成一汪深潭，随着岁月的流逝，它会变得愈发深不见底，最后很容易导致孩子们变成父母口中所说的“没出息的人”。

父母的话语有着莫大的力量，对于孩子来说，它能成为生命之水，也能变成致命之毒。“你什么都做不好”这种话听多了，孩子以后就真的会什么都做不好。话语中蕴含着能使事物产生变化的力量。

以提议和商量取代指示和要求

在和孩子交谈的过程中，不断地暗示他们要无条件地服从大人，这种做法非常不可取。哪怕是同样的一番话，比起命令孩子听从，我们更应以建议或劝告的方式来让他们接受。我经常这样对孩子们说："我不像你们在美国出生，一开始也不是在这里上学，对吧？我肯定不知道你们学校，你们班上是怎样的氛围。所以我希望，你们能告诉我在学校里发生了什么事。"

父母只是想知道自己的近况，而非在对自己下命令，一旦意识到这点，孩子们就会主动打开话匣子。每当一有机会，我都会向孩子、同学、甚至是同学的家长询问最近在学校发生的事情。一般来说，家长教师协会好比一场会议，原则上夫妇中必须有一人出席。平时如能多营造这样的环境，当孩子来请求帮助时，我们便能以导师的身份，为他们指点迷津。

但这并不意味着我们要无条件地附和孩子。因为更重要的是要使孩子振作，并能做出正确的判断。

有个孩子总因朋友问题苦恼不已，我和她有过如下交谈：“事实就是这样，要怎么解释，全在你一念之间，全凭你的自由意志和选择。但现实既已如此，我们最好还是以积极的态度来看待，将事情往好的方向引导，你觉得如何？虽然你说那位朋友不喜欢你，其实这都是你自己的感觉，真相是否如此，我们也不得而知，对吗？”

在这个时候，就算有千言万语，父母也绝对不能强迫孩子。双方之间的对话，最好是以向孩子提议好方法来作为收尾：

“试试站在你朋友的立场上来思考一下，你的做法是不是和那位朋友完全一样？如果不是的话，要不要试试看反其道而行之，对她更好，让你们之间更亲近？”

这样一说，孩子就会知道，什么才是正确的。在这里我想再强调一句，和孩子谈话时，不要一味地指示和要求，而是要询问他们的意见，和他们一起探讨解决之法。只有这样，孩子才会积极接受和父母的一番谈论，以后如果再有事情需要商讨，他们会第一时间向父母求助。

如果父母先抛出橄榄枝，孩子很快就会敞开心扉。正面积极的想法有着强大的能量，能传递父母的真心，还能发挥出足以撼动孩子心灵的威力。

因此，当孩子定下了自己的人生目标，并向着梦想出发之时，父母应指导他们，使他们能以积极乐观的态度面对一切。积极的态度能使孩子独立解决许多连父母也束手无策的问题。无论何时何地，都能找到正途，有了这种信念，实现梦想只不过是时间的问题罢了。

不要放弃这个世界，请谨记，成功之路永远向坚持不懈的挑战者敞开。

惩罚孩子要明确原因、把握尺度

一旦开始抚养孩子，父母一天当中总有好几次得忍着怒气。

偶尔因为孩子犯错而大为光火，狠狠斥责一顿后，父母又开始后悔“我该忍着点儿脾气的”“这样反而会伤害他呀”。

但是，再聪明的孩子也有犯错的时候。父母若一时心软，一味地包庇纵容，很容易使孩子误入歧途。

万幸的是，孩子们知道自己为什么会挨骂，所以即便被责备，也不会耿耿于怀。他们大多都能认识到自己的不对。

孩子的错，在于他们没有认清现实便贸然行动，这才引发了诸多问题。父母如能清楚这一点，孩子便能对他们敞开心扉，解决问题亦是易如反掌。

虽然现在说得头头是道，但事实上我也经历过无数次尝试和失败。关于父母该担当什么样的角色，我所知道的一切，全从在韩国的父母身上习得。抚养大儿子时我还能勉强应付过去，但在美国依次诞下六个孩子，时移世易，孩子们的思考方式改变了不少，在这过程中，我走了不少弯路。在养育小儿子正柱时，我从父母身上学到的教育方法竟全无用武之地。

最后，为了当一个好母亲，我严于律己，经常帮助邻居，并参与一些志愿活动，以展现自身努力的一面来取代严肃的说教。

因为我相信，父母努力生活的模样，就是对子女最好的教育。

在这变幻莫测的环境中，孩子成长速度之快，已非父母所能估测。他们会有怎样的未来，这一点无人能料。但是在子女的教育问题上，父母要做的不是去学那些应付孩子的伎俩，而是要努力以身作则，这才是最成功的教育。

父母无需费心教导，而应时常以身作则

那是孩子们上初高中时候的事情了。有一次孩子们跟着教会去活动，很晚还没回来。要是平时，晚上 10 点多他们就该到家，但是那天不知发生了什么事，直到凌晨 1 点，孩子们仍未归家，而且也没有跟我们联络。原本想着他们跟着教友出去，应该不会出什么意外，但随着深夜来临，我们就愈发焦心不已。

我们再也无法忍耐，只能厚着脸皮给其他一同外出的孩子家打电话。一通话才知道，因为孩子这么晚还没有回来，其他几家已经闹翻了天。我把所有知道的电话全打了一遍，

挨家挨户地问，就在这时候，玄关门开了，孩子们满脸通红地进了屋。

“这到底是怎么回事？为什么不打电话？”

我当场就发了火。虽然看到他们平安归家时真的松了一口气，但我不能睁一只眼闭一只眼地让这件事过去。年长一点的孩子偷眼打量我脸色，小心翼翼地开了口：

“活动结束回来的路上我们去了湖边玩，没想到错过了回家的车，那附近也没有公共电话，所以就只好徒步走回来了。”

一想到他们从那么远的地方走回来，我就已经心软了几分，但越是这样，我们就越要让孩子反省自己的错误：

“为什么你们没有事先告诉我们要去湖边玩？这本该征求家长同意。结果你们先斩后奏，所以才没法准时回家。你们一而再再而三地违反家规，必须接受惩罚。”

我板着脸训完这一顿，责令他们在接下来的一个月内除了上学，通通都不许外出。被罚的孩子只能通过打电话和朋友联系。

但是从孩子和朋友的通话内容来看，一起去湖边玩耍的朋友中，有的像我们家那样被家长下了禁足令，有的则没有受到任何的责备与惩罚。

“你妈妈也太过分了吧？老天！不是禁足一周而是一个月……”

“不是的，因为我们有错在先，所以受罚是应该的。如果妈妈不关心我们，别说是凌晨 1 点回家，就算在外过夜她也不会管的。其实这只是妈妈对我们的爱的一种表现而已。”

看到孩子们明白自己为何受罚，我忍不住笑了。

惩罚并不是为了给予痛苦

做错事就理应受罚。父母必须让孩子认识到这一点。明知犯错却还睁一只眼闭一只眼，这样只会错失纠正孩子错误的良机。孩子在不知不觉中就会认为“这种程度的错误还是能容忍的”，家人间约定俗成的规则就会逐渐被打破。

孩子犯错时给予适当的惩罚，这种做法不仅能引领他们走上正道，同时还能表达父母对孩子的爱。但这并不意味着要无条件地惩罚孩子，而是要正确地指出他们犯了什么错误，是因为什么才会受罚。对孩子们下为期一月的禁足令时，我是这样对他们说的：

“你们没有按时回家，知道妈妈和爸爸有多担心吗？这么晚很多人都睡了，但是为了找你们，我们挨家挨户地打电话，你们知道这样给别人造成了多大的困扰吗？我希望你们能明白，这次的惩罚，为的是要你们以后不再犯同样的错误。”

像这样对他们的行动进行二次分析和说明，孩子们自然而然就会反省自身的错误。如果不分青红皂白就劈头盖脸地一顿臭骂，孩子们就会觉得，自己之所以会受罚，是因为

“妈妈生气了”或是“爸爸讨厌我”。惩罚前没有说明他们的错误，这样只会使孩子滋生负面情绪，还有可能导致他们对父母产生怨恨。

我们的祖先在批评子女的错误时会拿藤条教训他们。让孩子拿藤条过来之后，祖先们让孩子说出自己犯了什么错误，再根据犯错的程度来决定打多少下。每抽一下之前都会事先警告一句。通过这个过程，双方不仅能了解彼此的立场，还能防止感情用事。如果父母只凭心情好坏来施以体罚，这种做法只能引起孩子的反感。孩子一旦熟悉了这种惩罚，日后比起反省自身的错误，他们会更注重看父母的脸色，只会想方设法让自己逃避惩罚。

无论你有多生气，请谨记，惩罚孩子并不是为了要他们痛苦。让孩子能正确地理解情况，并不再犯同样的错误，这才是处罚的真正目的。

孩子学会自己感受，自己反省。如果父母能认识并理智地使用这种教育方式，那么他们就一定能培养出无比正直的孩子。

保持父母的权威性非常必要

迄今为止，在大部分的家庭中，母亲都承担教育子女的核心角色。无论母亲是职业女性抑或是全职主妇，如果一直都担任这样的角色，那么父亲在家里的定位就会变成一个单纯负责赚钱的人。

虽然这看似理所当然，但是抚养孩子这件事，需要夫妇齐心协力、共同完成。如果你听过那些社会成功人士的故事，你就会发现，在他们的人生里，父亲担任了非常重要的角色。儿子以父亲为榜样成长起来，女儿在父亲的关爱和激励下取得飞跃性的成功，这样的事例比比皆是。

一般说来，比起母亲，父亲才是那个给孩子们树立远大目标，使他们对这世界心怀梦想的人。当然，根据情况的不同，父亲和母亲也有可能互换角色。

1988 年，我们一家被美国教育部评为“美国亚裔家庭子女教育成功案例”，我和丈夫这才有信心继续以我们的方式去教育儿女们。因为我们是在美国生下孩子并抚养长大的，所以我们商量好了，要将我们的根——韩国的价值观，以及未来我们孩子要生活的这个国家——美国的价值观相结合，取其精华，以此来教导孩子们。

母亲应树立父亲的权威

在我们家，树立家长的权威，定下家中的规则，这一直是丈夫的任务。身为父亲，丈夫一直明确地表达着自己的见解和原则，在子女教育方面非常有见地，是一位与众不同的家长。无论工作再怎么繁忙，只要回到家里，他都会和孩子们一起学习。他会给孩子布置作业，甚至和他们一起出题，然后再给他们讲解。

我们家孩子的学习习惯，甚至是基本的学习能力，都是丈夫一手培养起来的。虽然我经常称赞丈夫，说他“天生就适合当老师”，但对孩子们来说，父亲一直是严厉而可怕的存在。

当孩子们违反了全家共同定下的规则时，丈夫就会严厉地管教他们。而我则会认真地倾听孩子们的诉说，仔细观察他们内心的变化，当发生问题时，我会理解并说服他们。也就是说，我负责疼爱、帮助和鼓励孩子。即便如此，我也一直全力支持丈夫，使他能树立家长的权威。

为了能使父亲树立身为家长的权威，母亲的角色可谓非常重要。一般说来，比起父亲，孩子更亲近母亲，这的确是事实。在这种状态下，只要母亲在平时表现出对丈夫的尊重，孩子自然而然就会承认父亲的权威。相反，如果母亲平时就无视丈夫，那孩子肯定也不会听父亲的话。

但是对父亲来说，如果对这个家庭没有足够的责任感、容忍的雅量和关爱，真正的“权威”就会荡然无存，取而代之的是强制性的“强权主义”。这样的话，就算母亲再怎么努力，最终也只能一再让步，甚至作出牺牲。

虽然我比丈夫小了九岁，但是他从不胡乱唤我。在孩子面前，他总喊我“Mommy”，以此来树立我身为母亲的权威。

丈夫唤妻子 Mommy，我们身边的韩国人朋友都觉得很有趣。但他们不知道，这个昵称之中，蕴藏着丈夫对身为母亲的我的尊重和关怀。

当我年逾花甲之时，孩子们出版了一本纪念文集，送给我作为礼物。但是仔细阅读孩子们笔下描述的丈夫，我发现在他们心中，父亲并不是一个随和又温柔的人。因为字里行间，我总能看见“提出过分要求的独裁者”“是一个抱有很多期待的存在”这样的句子。

其实当孩子们处于青春期时，他们认为父亲的权威是儒家的观念，不适合象征自由与民主的美国，甚至还曾作出过反抗。但由父亲一手树立并教导起来的价值观和原则，已经在孩子心中刻下了鲜明的烙印。孩子们在正式场合中讲课或是做演讲时，他们的每一字、每一句，都渗透着父母的教诲，以及那些在成长过程中铭记于心的价值观。每当这时，他们就会感受到父亲威严表象之下隐藏着的深爱，并为此感动不已。

每次去耶鲁大学法学院，学生们总跟我说：“哈罗德 · 高（三子高洪柱）总跟我们提起您。”孩子们的相关报道或是他们写的专栏里，我总能看到“一个人的伟大，在于他帮助了多少人”或是“没有实践的理论不具有说服力，没有理论的实践不具有灵魂”这一类的话语，每当这时，我都会感觉到，我和丈夫一直以来所强调的价值观和人生观，已经完全传递给了孩子们。

即便已经各自成家立业，孩子们也仍然遵守着我们夫妇俩一直强调的“夙兴夜寐”“全家人一起用早饭”的规则。每当听说他们这么做，我就会再次体会到，父亲的角色是有多么重要。如果父亲所留下的记忆全都满溢着柔情和温暖，那么父亲所教导的原则，都会成为孩子们行动的基准，成为他们生命中的指南针。

严肃而可敬，这才是模范父亲

最近我总能见到，年轻的父亲和孩子们如同好友般相处。我们家孩子也是如此，比起严父，慈祥的父亲显然更得他们欢心。

但是光这样还不够。对父亲而言，他是一家之主，有责任领导整个家庭。如果说母亲给予的是无微不至的慈爱和关怀，那么父亲则负责帮助孩子们树立正确的人生观和哲学观。想要树苗长成参天大树，就得有均衡的水、阳光和养分；想要孩子茁壮成长，母亲的慈爱和父亲的训导需相辅相成。有句老话说得好：“家里总得有人唱红脸”，为了孩子的成长，父母中总得有一个来担任这严厉而有权威、偶尔还会变得略可怕的角色。由父亲来负责“唱红脸”是最好不过了。

我总劝身边的亲朋好友，如果要参加特别的聚会或是活动，一定要带上孩子。因为这样不仅能培养孩子对父母职业的关心，还能让他从父母的身上获得新的奋斗目标。

有一次暑假，我和丈夫都有课要上，实在不放心让孩子独自待在家中，我们便把孩子们带去了学校。那时候还在念高中的大儿子说了一句话，“爸爸能把很深奥的知识讲得通俗易懂，还能让人牢记在心呢。”父亲站在讲坛上侃侃而谈的模样，一直留在他心里。在家一向严厉的父亲所展现出来的风度翩翩和慈祥，给孩子们带来了巨大的新鲜感和震撼。所以六个孩子里，有五个后来都当上了大学教授。

我的儿子们现在都和他们的子女们一起学习，就像当初他们的父亲所做的那样。因为仍记得父亲和自己一起学习所带来的卓越效果，所以他们也纷纷效法。此外，如果获得了某项殊荣，或是在大学毕业典礼上做演讲，他们一定携子女出席。儿子们这么做，是想让子女们亲自了解父亲正从事着什么样的工作，取得了什么样的成就。这样累积下来的经验会让孩子觉得自己的父母是最了不起的人，这种想法会成为他们自信的源泉。

感受着父亲的存在而成长起来的孩子

父亲固然需要威严，但切记不可变得专制独断。高压之下的威严只会对孩子们起到相反的效果。当孩子还小的时候，可以适当让他们感觉到父亲的严厉和距离感，但是随着年岁渐长，父亲应适当调整自己的角色，使孩子感到可亲、可敬。

父亲理应明智地解决和子女间的意见分歧。独断专行的父亲绝对无法让孩子产生共鸣与尊敬之心。

连自己的孩子都无法说服，这样的专制无论在哪里都无法得到认可。如果对孩子想做的事持反对意见，你就一定要告诉他们理由，让他们充分理解你的想法。

父亲大多沉默寡言，却认为孩子们会理解自己。可是如果不表现出来，孩子们是不会懂得父亲的心的。

所以，父亲们一定要以话语和实际行动来表达自己对孩子们的爱，要鼓励他们，使他们能更积极地面对未来的世界。感受着父亲的存在而成长起来的孩子，会记得自己安逸而有自信心的生活，会希望自己的后代能活得更积极向上。

寻找能让孩子和父母都变得幸福的方法

在美国生活久了，我发现，为了照料孩子的生活起居，大多是母亲陪同孩子留学，因为母亲是这世上最坚强可靠的监护人。

但从经济学来看，这种方法毫无益处。母亲赴美，时间全部用来照料孩子，父亲则独自留在韩国，为了孩子的学费、生活费压弯了腰，他们被称为“大雁爸爸”。大雁本象征着夫妇恩爱，琴瑟和谐，如今却演变成劳燕分飞的代名词，想来就让人叹息。

就算不是为了留学，类似的情况也屡见不鲜。最近在韩国，为了能让孩子入读江南区的名校，家长们不惜搬家，为了赚取孩子上课外补习班的学费，母亲甚至去做钟点工。最近甚至有像母亲去娱乐场所陪酒这样让人大吃一惊的报道。教育孩子，难道就意味着要牺牲自己的一切？

哪怕挨饿也要把孩子教好，正因为这高涨的教育热情，近代韩国才能发展成如今的盛况。但是这股热情，正往不正常的方向发展。在现实中，“无条件读名牌大学”这一固有观念束缚着孩子和父母，使他们无暇思考何谓真正的幸福。但大家都心知肚明，入读名校并不意味着子女教育的终点，也不是成功的保障。

抛弃了这个名为“家庭”的最重要的所在，把一切押在子女的教育上的父母，孩子们会怎样看待他们，这才是最让人担心的问题。

父母应从自身做起，心怀梦想

父母的过分野心，很容易把孩子引入歧途。对于那些抛弃了自己的一切，只一心一意抚养孩子的父母来说，如果孩子能对他们表示感激和尊重，那就再好不过。但大多数的孩子总把父母的牺牲认为是理所当然，甚至还得寸进尺。

其实有留学生的母亲听到过来自子女“爸爸妈妈就连这点事情都做不到吗”或是“爸妈都为我做了些什么呀”这一

类的抱怨。这些人抛弃了最基本的为人之道，只把取得成就作为人生目标，这难道不是这种教育所带来的恶果吗？

现代人在身为父母的同时，还需要处理职场和家庭两者间所带来的无数难题。“还有什么事情比抚养孩子更重要呢”，为此抛弃其他，一味地牺牲自己，这是不可取的。父母和孩子、丈夫和妻子、上司和同事，没有一种关系能强求其中一方一味地牺牲。没有梦想和希望的母亲，又怎么能够对孩子畅谈未来？

看到那些为了养育孩子而放弃自己的梦想，转为全职主妇的女性，我总会情不自禁地叹息。孩子还小的时候，母亲每天的上班准备都像一场战争，但这只是暂时而已。一旦孩子在幼儿园或学校交到朋友，他们就不会再哭着找妈妈。听说最近的孩子 10 岁就已经进入青春期，这时候的孩子说得最多的就是“妈妈，放过我吧”或是“妈妈知道些什么呀”。在这时候，就算怒斥“你知道我是怎么把你养大的吗？现在居然怪起妈妈来了”“你现在是在无视妈妈？因为我赋闲在家，所以你觉得我很可笑”，也于事无补。

就算此刻做出一切让步和牺牲，孩子长大之后也一样会离开我们。到那时候，没有什么能弥补这汹涌而来的空虚和失落感。抛弃自己的梦想，全心全意地为孩子付出，这份牺牲固然高贵而伟大，但是父母有必要独立客观地审视自己的人生。

一想到是为子女所作出的牺牲，父母们就能咬紧牙关支撑下去，但从子女的角度来看，这样的父母反而让他们更有负担。因为这样无条件的牺牲，赌上的是子女的人生。

对“我”这个存在，需静心思考

直到现在为止，我为孩子牺牲了许多属于自己的时间，无论想做什么，我都把对孩子有益的事情放在优先位置。但我不认为这是在牺牲我的人生。虽然每到开学，我都要放弃出席学术会议的机会，为了和处于青春期的孩子敞开心扉地谈一谈，我要把手头的工作放到一边，然后火急火燎地赶回家。但我从未放弃过自己的幸福和梦想。

身为学者，我要一直学习；作为双职工夫妇中的妻子，我要帮助丈夫养家糊口；作为最早的韩裔移民，我要为这边的韩人社会负起身为前辈应有的责任，总觉得一天 24 小时都不够用。但这些事情并不妨碍我对孩子进行教育。虽然孩子们在成长期也曾对我这忙得脚不沾地的母亲有过不满。但是在长大成人之后，他们反而说，能有如此忙碌的母亲，自己感到很自豪，对我也很尊敬。

“看着父母皓首穷经，我们自然而然地就把学习当成了日常生活的一部分，也选择将自己的一生奉献给社会。”每当听到孩子们这么说，我都觉得自己没有虚度一生。

无论做不做这件事，你都必须要有自己的人生目标。我们需要摘掉名为母亲、妻子、儿媳等身份，抽出时间好好地思考这个“我”的存在。

除了孩子和丈夫之外，母亲们需要好好整理一下自己能做、想做的事情，这样也为教育孩子带来帮助。因为我们现在最需要的，不是课外补习班老师列出来的清单，而是自己的梦想。这样坚持下来，孩子和父母都能寻找到让自己过得更为幸福的方法。

给孩子独立思考的空间

在社会上奋斗的女性与日俱增，她们中有很多人，因为自己没能尽到身为母亲的责任，总感到自责不已。哪怕生活变好了，但是在孩子最需要的时候，自己却没能在旁边握住他们的手，歉疚感和负罪感会使父母变得盲目而冲动。管得太紧怕会爆发，管得太松又怕他们会飞走，父母一直战战兢兢地抱着孩子。所以家长们常常监视乃至干涉孩子的一举一动，自诩是孩子的麻烦解决者。

问题在于，在这样的父母身边成长，孩子将无法亲身经历应有的挑战。孩子还在上小学，如果和同学拌嘴了，父母会买学习用品和礼物套装，让孩子带回去送给同学们；孩子忙着上补习班，父母就会帮他们做学校作业。本应是由孩子自己学习的年纪，但如果没有父母在旁边拿主意，他们什么都做不了，最后也不过是马齿徒增罢了。

父母再怎么努力，也无法代替孩子承受痛苦，不能替他们学习。他们无法替孩子感受幸福或不幸。实际上，父母能替孩子做的事情寥寥无几。正因为无法代替他们生活，所以父母们还是试着收起自己那过多的关心和干涉吧。

对世界了解得越多，你所看到的也会越多。学校和补习班的圈子对于现在的青少年来说太小了。这限制了他们去碰撞、去思考、去领悟的空间。最后只会让孩子一叶障目，不见泰山。

让孩子亲眼去看，亲自经历

没有比经验更好的教育了。如果你想教会孩子某件事，不要光说，要带他们去现场亲身体验，让他们亲自感受，这样更有成效。看到父母工作时的模样，不必耳提面命，孩子就会自发地学习。如果想做某件事，那就去找做这件事情的人，直接体验一番，这是最好的方式。在抚养孩子的过程中，我对此深有体会。

父母不必为和孩子教育有关的事情而负起全部的责任，再好的父母也无法通晓孩子所好奇的一切。当孩子提问时，父母只需对自己所擅长的领域做出解答，如果孩子的问题超出了能力范围，你就应该把孩子送到研究这个问题的专家那里，让孩子直接去学习，这才是正确的做法。

孩子若想成为数学家，那就为他准备一个和著名数学家见面的机会，要是他想当作家，那就让他阅读名作家的书，或是给他一个机会，让他直接和名作家见面。当然，这个过程并不像我说的那么容易，但事关孩子的人生方向，所以无论如何，能为他们准备这样一个机会，终归是好的。

因为这并非是父母擅长的领域，所以生硬粗暴地打断或是胡乱编造，都不会为孩子带来任何的帮助。

如有必要，父母可以向身边的熟人询问打听，从而获得多种建议。尽可能地获得更多的信息然后传达给孩子，这样也能为他们带来很大的帮助。

当然，在这时候，父母只是引路人，引导孩子自己决定未来要走的路，培养他们的自主性。这些经验会使孩子发现自己所拥有的可能性和适应性，他们会重新审视自己的想法，从而选择更为正确的发展方向。摆脱“孩子的一切都由父母来决定”的固有观念，你会发现一个更加多姿多彩的世界。

继承父亲精神的契机

有一次，三子洪柱带着还在上初中的儿子出席了上院议员听证会。洪柱在会议上介绍了自己的儿子，说“今天之所以会带他来，是希望他能在以后属于他的时代里，也能执行正确的政策”。洪柱的这一举动被巨细靡遗地报道出来，在社会上引起了很大的反响。

听到这个消息时，我一下就想起了我的父亲。在我还很小的时候，父亲就经常带我参加他们公司的会议。我亲眼看到父亲所从事的工作，看到他的同事们对待父亲的态度，心中对父亲的尊敬油然而生。这成为了一个绝好的契机，让我在潜移默化地继承了父亲的精神。

教育并不是单纯的传道授业。它的目的在于让每个人发现真正的自己，从而融入这个社会，成为社会的一员，去完成自己的使命。

因此，我们应创造机会，让孩子亲自去体验，不管这种体验有多微不足道。教育并不是像倒水那样倾囊相授，而是要点亮一根烛火，照亮他们的求道之路。

因为教育的真正目的，并不在于教会对方某种东西，而在于使对方发生变化。

第 4 章
诚信领导法的品德 4

想要获得何种成就?

“逆境”倒过来写就是“经历”[1]。孩子们现在所经历的困难，在将来也许会化作经历或是技巧，变成孩子的专属武器。教育的目的就在于，让孩子发现自己的翅膀，家长从旁协助，直到他们能展翅飞得更高。父母不能阻挡子女飞往更大、更新的世界。如何培养孩子的力量和勇气，这便是父母需要完成的课题。

---

① 注：韩语文字游戏。

允许孩子品尝成功的喜悦

让孩子体会细小的成功，这种经验至关重要。细小的成功，指的是在一两天，一两个月或是一两年之内能达成的目标。比如每天坚持写日记，每周读完一本童话书，期中考提高 10 分，每天坚持运动，诸如此类的小事。

这些事情看起来微不足道，但是人生因为这些小事而改变的例子着实不少。所以我给孩子们定下了细小的目标，当他们逐渐实现这些目标时，我总不吝给予赞美：

“你最近真的很努力呀！妈妈再次为你的诚实而惊叹了！”

“你终于做到了呀！从你认真去做的那一刻起，我就知道你一定会成功！”

“虽然没能达到目标，但是你的努力，妈妈全都看在眼里。你真让我自豪！”

仅凭这些激励和称赞，孩子们的自尊心就会破土开花，他们就会茁壮成长。直到现在，这仍然是我所见过的最惊人的成长动力。

但是我们要注意一点，那就是不要在孩子所取得的成就上施加太多的压力。你给予他的称赞，无论何时都应以他努力的过程为重心。只有这样，在没能充分达成目标时，孩子才不至于感到太多的失望和挫折。

我一直认为，比起结果，过程要更重要。孩子要学的东西还有很多，比起所得到的，孩子们更多的是从失败的经验中重新振作。在这过程中，父母所感受到的满足或失望要比孩子所感受到的要强烈得多。但是只要让孩子感觉到自己有所发展，哪怕只是一小步，对他们来说也已经足够了。

重要的不是成功，而是成就

世人总把赚大钱、居高位、有权势、能向他人施加自己的影响力视为成功。但我的想法和他们略有不同。赚大钱后将这笔钱花在什么样的事情上？功成名就后要如何努力地守住自己的名声？坐拥权势之后运用手中的权力去做什么样的事？这些才是我判断一个人成功与否的标准。对我来说，自己所取得的价值能为他人带来多大的帮助，这才是衡量成功的基准。

很多人曾说我成功了，但是我并不把社会性的这种评价看得很重。这辈子，我一直认为，最重要的不是成功，而是成就。我们一般所说的成功，是功成名就受到社会的认可；成就则是达到了自己所定的目标，看重的是从中感受到的喜悦和意义。

在我那个年代，有不少人认为，女子读大学尚有不足，只有到国外留学，才算是从名门望族成长起来的。但是我赴美留学时是 1948 年，国家正是百废待兴的时候，没几个孩子能有这样的能力，可以出国留学。

尤其是认识同为留学生的丈夫时，社会动荡，别说问家里要生活费了，就连家人的生死都无法确定。我们这对整日担忧家人安危的工读生夫妇，生活非常清贫，就连孩子们的头发都是由我亲手给理的。

如果国家安定，那么我就能在毕业之后更早地回到韩国。那样的话，我就不必在美国漂泊那么久。虽然来美国留学是我自己的选择，但在那之后，我却没有了退路。当时，我能做的唯一的选择，就是在那样的环境之下，比谁都要更努力地活下去。

人们说起成功时的真面目

每当为文化差异而感到郁闷不已时，我就下定决心，以后必定不让我的孩子再遭遇这些困难。因为留美生活不是孩子们的选择，所以我们夫妇有责任去根除这种歧视。

也许正因为如此，我们才会更集中精力地寻找东方文化、特别是韩国文化的特征，并潜心地研究如何宣扬韩国和东方文化的形象。

在比较文化研究所的研究员中，因为我是东方女性，不认同我的能力的同事大有人在。他们大部分研究考古学或是人类学，对于我同时攻读人类学和社会学的经历，他们用尽一切方法来质疑。开发比较文化信息体系时也是如此，这项工作最初开展得并不顺利。

但是我最终被财团选中，成为了研究基金的负责人，当日本国立民族学博物馆在选用了我开发的比较文化信息体系后，所有的问题都迎刃而解了。

我不战而屈人之兵，取得了最终的胜利。但这并不意味着我在美国的事业取得了成功。

如果有什么语言能诠释今天的我，那就是在经历了无数的困难和逆境之后，仍坚持不懈，向世界宣扬韩国人的优秀，以及韩国文化的特性、坚韧不拔的意志。

短尺无法丈量伟业

懂得尊重自己的人，自然也知道如何去尊重他人。得知世上有许多和自己不同的人，我会感到愉悦和感激。他们就像是教科书，向我展现并使我体验到了丰富多彩的人生。

韩国是传统的单一民族的国家，很难接触到西欧社会的开放文化。也因此，韩国对于其他国家的文化有着很高的排他性。韩国婆婆之所以无法轻易地将来自菲律宾和越南的儿媳妇们视如己出，是不是因为我们总把自己摆在高人一等的位置上？其实我们并没有比别人优越，他们也没有比我们差到哪儿去。

这样排斥他国文化，只能暴露自己眼光短浅这一事实。世界已经形成了一个多文化圈，我们已经是世界公民。使全欧洲停滞不前的经济衰退席卷东南亚，重创美国的飓风直接影响了韩国的经济。这种影响并非昙花一现，而是会逐渐而长久地渗透到我们的生活当中，然后建立起一种崭新的局面。

孩子们的未来更是如此。如果我们还是用自己的尺度去衡量这个世界，只是一味地回避那些“离经叛道”的人，这样做只会暴露我们没有容人雅量，以及力量不足的事实。

将短处变为长处的力量

生活在多文化圈中的世界公民，除了自己祖国的文化之外，至少要拥有能在两个以上的国家文化圈中生存下来的能力，也就是文化的力量。

许多人很容易有这样一种错觉，那就是我到这个国家去留学或是移民，很快就能成为这个国家的人。但是离开了韩国，并不意味着你和韩国的关系就此断绝。在新的社会环境里，你所遇到的人都会把你本人和你的祖国联系起来。第二代、第三代移民也是如此。生于美国，从未踏入韩国一步的孩子们总会听到这样的疑问“你是哪个国家的人”“你打算什么时候回韩国”，等等。

如果韩国的国际地位得不到提高，不管这个孩子多么优秀，也不会得到承认，这就是现实。这个社会除了我的孩子，也有他人的子女，我之所以要尽全力推动这个社会的发展，为的正是孩子的未来。

三子洪柱曾任克林顿政府的人权事务助理国务卿，并出访 43 个国家。因为是以政府官员的身份前去协商，所以要对出访国的大小情况了如指掌。有一次，洪柱访问印度尼西亚的东帝汶，对方邀请他顺道出访周边地区。当时东帝汶尚未独立，仍然是印度尼西亚的殖民地。

美国一向默认这个事实，所以那边对于美国肯定不会友好相待。身边甚至有人劝洪柱想办法寻求庇护。但是洪柱只是泰然一笑，便登上了飞往印度尼西亚的飞机。洪柱一直记得自己来自东方，对于他来说，印度尼西亚并不是多么遥远的国度。

但踏上那片土地时，洪柱便发现，那里和他所想象的大相径庭，气氛十分险恶。东帝汶人民得知他是美国的人权事务助理国务卿，便纷纷包围了他，七嘴八舌，群情激昂："你在美国长大，根本就不懂我们是怀着什么样的心情来游行示威的！"洪柱对东帝汶和韩国的历史进行了比较，对他们的痛苦感同身受，一字一句地回答了他们的问题：

"我怎会不懂？虽然我是美籍韩裔，但是我的父母经历过军事政权的压迫和痛苦，我从小就听着他们的故事长大成人，对他们的经历，我也是感同身受。”

万幸的是，东帝汶人民在听了洪柱的一番话之后，逐渐对他产生了信任。当时东帝汶的独立斗争正值白热化，洪柱顺利地解决了外交问题，平安无事地回到了美国。洪柱从未忘记过自己是一个韩国人，而且无论在何处，他都引以为豪。

像这样清楚自己是谁并以此为行动准则的人，都拥有扬长避短的能力。在东岩文化研究所对韩裔青少年进行领导能力培养时，我非常注重锻炼他们的眼光，使他们能将韩国文化和其他文化相互研究比较。因为比较文化分析，是发掘自身特征的最好途径。

在国际化时代，即便是在韩国长大的孩子，在走入社会后，与来自世界各国的人一起共事的几率也会大幅提高。这时如不能明确自己的文化认同感，你就无法堂堂正正地站在别人面前，别说是打入其他文化的小圈子，甚至会引起不必要的混乱。当发现对方能理解你的时候，你也会照顾对方的感受。所谓的领导能力，就是由这种自发性的步调一致所形成的力量。

我们的孩子在以世界公民的身份生活的同时，亦要成为这个大家庭的领导者。想要达成这个目标，就要和身边的人同呼吸、共命运，要懂得尊重其他文化圈的人们，以及各种各样不同的文化。他们需要拥有一颗热爱和平、和世界人民同甘共苦的心。不仅要独善其身，还要兼济天下，只有这样的人，才能成为真正的领导者。

不要以自身的标准去评价他人

这是一件发生在比较文化研究所的往事。每到午休时间，一个博士课程的男研究员总过来问我“生了六个小孩的女人怎么还敢做职业女性”，暗讽我没有尽到身为主妇和母亲应尽的责任。虽然这位还是单身的研究员的挖苦实在刺耳得让人难以承受，但我还是忍了五年。但是某一天，他又老调重弹，万幸的是，那时候当地报纸经常报导和我们家孩子相关的新闻，那位男研究员从此再也不谈此事。

许多外国人在美国生活，这个国家对于文化差异的态度亦是非常复杂。尤其是移民到美国的韩国人，他们中有许多人总以扭曲的视角看待黑人或是拉丁美洲人。其实，黑人扎根美国的历史远比我们悠久，他们是人权运动的中心。但受惠于由黑人发起的人权运动的我们，看待他们的态度却和白人别无二致，毫无来由地就把他们视作低人一等的人。

拉丁美洲人所受到的待遇也是如此。韩国人看待他们，就像美国人看待我们。我们在美国一路生活过来，也是受尽了各种委屈，如果连我们都不理解他们，那么还有谁能对我们的痛苦感同身受呢？

学校，培养世界级领导者的空间

近年，韩国来了许多来自东南亚的移民。他们是这社会的一分子，填补了我们短缺的劳动力，有的还成为了青年们的伴侣。他们是这个社会堂堂正正的一员，理应受到尊重。然而我们对待他们的态度，确实有很多方面需要好好反省。他们的人生，和自1850年就向世界进发的韩国人的人生，其实并无二致。

如果我们无法向他们敞开怀抱，那生活在世界各地的大韩民族又如何能受到欢迎呢？将心比心，此话不假。因为种族和出身问题就毫无来由地歧视或是歪曲一个人，这样的行为是不妥的。

当我发现韩国的跨国婚姻逐渐多起来时，已经有许多的小学生和来自多文化家庭的小孩成为了好朋友。我想，我们有必要再确认一次，我们的孩子是怎样对待和看待他们的朋友的。

现在孩子们所在的班级，是世界级领导者成长打基础的良好空间。父母需要指导孩子，使他们能不带偏见、毫无芥蒂地接纳有着各种条件的朋友，并理解对方的文化。在这过程中，父母也会一同成长，并逐渐拥有世界级领导者的父母的资质。

品德唤来尊重，尊重召来人心

这是三子洪柱的女儿艾米丽在耶鲁大学读大一时候的事情了。某一天，我在研究所附近的餐馆里偶然遇见了和其他同学在一起的艾米丽。一看到我，艾米丽就高兴地喊了出来："奶奶，我在募集艾滋病爱心基金。请您也献上一份爱心吧！"

稚气未脱的小孙女居然已经敞开怀抱要帮助身边的人，这是多么了不起的事情啊！我好好鼓励了孙女一番，第二天就捐了款。没过多久，我就又在路上遇见了她。原本正和朋友们谈笑风生的艾米丽一看到我，立刻兴冲冲地向我跑来："奶奶，我给艾滋病爱心基金筹集到了四万美元的善款！"

大一的学生竟然能筹集到四万美元，这实在令人吃惊。我给予了称赞和祝贺，问她是怎么办到的。她身旁的同学开口："这次的募捐活动从一开始就是艾米丽策划的！"一直以为还年幼的小孙女已经在不知不觉间长大，并积极主动去帮助他人，一念及此，我就觉得这孩子真是难能可贵，打从心底里为她感到自豪。

才华越是出众，品德更应高尚

年过八旬的我，自觉对六个子女的使命已经完成，如今更多地把注意力放在了孙子孙女们身上。听到这些孩子关怀他人的事迹，我也着实为他们感到高兴。

长孙史蒂文曾在律师事务所帮助艾滋病患者立下遗嘱。此外，他还帮助那些没有正式留下遗嘱的人拟定与其身后事相关的法律文书。外孙女黛安娜和三孙儿威廉参加了为贫困家庭筹集建房基金的仁人家园慈善大步走活动（Habitat），曾骑着自行车横穿整个美国，还亲力亲为地参与了建造房子的活动。此外，每当海啸或龙卷风等自然灾害发生时，长子的女儿凯蒂总会挺身而出，帮助受灾者。

就像我六个孩子所做的那样，孙子孙女们一直铭记，自身所学是为了帮助那些身处困难的不幸之人。

我把这称之为“品德”，它才是成长为受人认可的领导者最重要的素质。品德中蕴含着感动。比起自身的利益和安逸，更关心他人的一切，这份心意非常可贵。

我的孩子并不是因为下决心要成为领导者而努力，而是在运用自身才能帮助他人的过程中逐渐成长，自然而然就成为了领导者。品德唤来感动，感动造就领导者。

大韩民国是世界第十大经济强国，如果把分散在全世界170多个国家的韩裔全都聚集起来，大概能形成世界第四大移民社群（Diaspora）。Diaspora一词指的是生活在巴勒斯坦，除了当地巴勒斯坦人之外，仍保持着犹太教的教规和生活习惯的犹太人，又指他们的栖息地。虽然背井离乡生活在异国他乡，但在精神上或是实际生活中仍然保留着对祖国的强大归属感，在这一点上，韩国人和 Diaspora 并无二致。

在这时，韩国人与众不同的“情”文化便发挥了最大的作用。这是我们传承了几千年的文化，无关时间与空间，是使我们得以延续的强大力量。当这份流淌在我们的血脉里的“情”变为“德”时，那就意味着你已成长为领导者。

正如前文所提到的，我的母亲总说“品德胜于才能”，意思是不能让才能先于道德。这里的品德，指的是先天下之忧而忧，后天下之乐而乐，追求人类共同的利益。在这其中还包含着一个疑问，那就是你是否拥有分辨善恶、遵守道德的勇气和节操。

我铭记着母亲的教诲，一直向我的孩子强调这一点，才华越是出众，品德更应高尚。当一个人身上的人情味比才干更为出众时，其他人就会相信他的判断，然后跟随他。

在以韩国为首的东方文化圈里，比起有才无德之人，我们更重视那些才华略欠缺但品德高尚的人。所以，就算没有才华，但品德高尚，我们也会认为那是非常优秀的人才。与此相反，有才无德之人，是很难获得尊敬的。

当然，这并不是说我们不需要才华。要当领导者，才华就必须出众。但一个人光有才能却欠缺品德，到最后他的才能很有可能会变成危害自身的毒药，这一点需要注意。一个人即便才华出众，也有可能得到“那个人只不过是以自己的本事来谋私而已”或是“无法分辨善恶的人”这样的评价，最后肯定无法成为领导者。我们需牢记这一点，那就是品德愈高尚，自身的才干也会愈加发光发亮，我们应在这一点上多花心思。

韩民族根源中蕴涵的领导力

除了六个孩子，在过去的60年里，我在东岩文化研究所培养了许多青年领导者，并致力于发掘我们文化遗产中真正的领导力要素，以此为基础，发表了和诚信领导法有关的理论。在这里，我就简单地谈谈我们的祖先在血脉中留给我们的四大遗传力：

第一，我们民族在历史上经历过多次外敌入侵，现在仍处于停战状态。但是我们民族在世界上的任何一个角落都能对当地的文化兼收并蓄，并且从未丢失我们文化的本性。此外，我们还以此为基础，对我们所安居乐业的社会做出了许多贡献。这就是我们民族的文化力量。

第二，韩国一直秉承儒家思想。其第一要务便是尽忠职守。服务社会，对父母尽孝，时刻谨记自己是社会的一员，贡献自己的力量，我们民族一直对此非常重视，只有实现自我完善，完成自己应尽的责任，才能具备领导者所需的最高品格。

第三，品德先于才能。在东方的教育哲学里，学习目的一直都和自我完善、体现道德价值观紧密结合在一起。在当今的高教育水平的时代里，如果将学习的目的和人生目标以道德价值为中心进行重组，那么对个人或是社会都会带来非常具有建设性的结果。因为从本质上就以这种价值观为核心，所以一直以来韩国人都能成功地激发出身为领导者的力量。

第四，统筹而成的创造力。从地理政治学上来说，四周虽有中国、俄罗斯、日本等强国环伺，但韩国却繁衍了五千年。我们一直被称为心怀大志的民族，我们民族最擅长的是卧薪尝胆，扬眉吐气。以美术和音乐化解社会结构中衍生的诸多矛盾，这可是我们民族的强项。假面具、板索里、继承制度、阶级制度、民间传说、时调①、韩文等顺应阴阳调和的风俗和社会制度便是最好的证明。这种统筹一切的创造力，恰恰也是领导者所要具备的能力之一。

我们就是这样一个以史为鉴、身体力行、具有领导者所需的一切基本条件的民族。只需三省吾身、见贤思齐，我们就会发现，将孩子培养出未来世界的领导者，其实也并非难事。

特别值得一提的是，用心良苦的母亲们都有足够的能力，能将子女培养成领导者。在这日新月异的时代里，子女教育方面固然是挑战重重，但请各位谨记，你们的等待必将迎来更大的回报，在此希望各位父母都能心怀梦想和希望，不懈努力。

---

① 译者注：朝鲜高丽末期固有的定型诗。

树大招风

如果在小时候学习过钢琴、吉他或是打鼓，哪怕只是一段很短的时间，孩子长大之后也不会因为和音乐失之交臂而感到惭愧或是后悔。就算不能达到精通的水准，但至少孩子不会对自己没有体验过的事情有莫名的恐惧。

而且，比起死记硬背、囫囵吞枣，摔得遍体鳞伤之后学会的知识会更加印象深刻。学开车时，只有摸到方向盘、亲自驾驶才能学会，单纯死记硬背停车守则是没有用的。只有自己亲身体验过，并熟练掌握，这样学来的知识才会变成你的东西。

问题在于要如何接受失败。我们要让孩子认识到，失败只不过是犯了错，通过失败得来的教训其实就是经验。父母不应越俎代庖，代替孩子去完成所有的事情，指引他们走阳光大道便已足够。

如果做不到，那父母应该引开孩子的注意力，让他们把兴趣放到别的事情上。无条件地说“不行”，只会加深孩子的挫败感，最后人生就会变成一颗干瘪的栗子，索然无味。

尤其是打着为子女好的名义，先孩子一步完成其他事情的父母，你们这样做，其实就是向孩子传递这样一个信息：“你自己是无法完成这件事情的。”

人和人之间的能力其实并没有太大差距。最终得到什么样的结果，取决于你是否害怕挑战和失败，以及你有多信任自己。把自己当成小鸡的人，和把自己当做搏击长空的苍鹰的人，他们的未来必定截然不同。我们要做的，是不让宝贵的孩子们自怜是柔弱的雏鸡，而是要让他们成长为雄鹰，难道不是吗？

不要被流言蜚语动摇

在很小的时候，我母亲就教我："树大招风，但是疾风再强，你也不要害怕。"老实说，小时候的我尚未懂得这句话的深意。在梦想着远大前程的同时，我总懵懵懂懂地想着，这世上肯定存在着某种方法，可以让我不费吹灰之力就能实现梦想。

这世上哪有一帆风顺的人生？风刮得猛，证明我现在正全力以赴地做着某件事，并做得很好。如果我做的事情毫无意义，那么周围也就不会有那么多杂乱的声音了。

如今，我的孩子们都已有所成，我也可以不必再被俗务缠身，可以安享晚年了。但实际上，当我还活跃在社会舞台上时，在我身上也发生过不少的伤心事。

举个例子，1961 年，我们搬到纽黑文，我受邀在大学女毕业生的聚会上发表演讲。但在自由提问时间，一位女生突然向我抛出如下提问："身为六个孩子的母亲，请问你是如何做到一边学习一边工作的呢？请问孩子们由谁来照顾？”类似的疑问来自四面八方。

“在美国，移民者或是小众群体的男性做同样的工作也只能赚到很少的报酬。工资低到只有夫妻都参加工作才能维持基本生计。在座有很多女性虽然可以选择当全职主妇，但是像我们这种小众群体，根本没有选择的余地，请问您知道这种现状吗？”

在当时，家庭与工作兼顾的女性可谓凤毛麟角，我理所当然地成为了被误解和质疑的对象。

一边抚养六个孩子一边从事学习和研究，每天忙得脚不沾地，但听到这样的评价还是第一次，当时我整个人都变得无精打采。但每当这时，我都会这样想：“树大招风，看来我终于长成了一棵大树了啊。”然后训练自己不以物喜，不以己悲，对周边的任何反应都能淡然处之。

果不其然，每次经历这样的事，我都会发现一个被更强的自信感武装起来的自己。经受考验的同时，我也在不知不觉间锻炼了自己。

当我还在耶鲁大学比较文化研究所工作时，一个研究员来找我，情绪激动：“您是想把这研究所变成韩国文化研究所吗？”

当时耶鲁大学比较文化研究所涉及的文化就有三百多种，但是研究所内将近三分之一的研究员都从事和我主持的项目所相关的研究，这个人便抓住这一点来大做文章。对于他怒气冲冲的质问，我只一笑而过，不以为然。

那时，我正在寻找比较文化的研究方法，开发文化信息系统，为了以韩国文化材料为研究样本，我接受了来自美国科学财团的巨额研究经费。因为接受了常人难以想象的巨额资助，从而得以主持这样一个大型研究计划，他人的质疑自然也在情理之中。其实如果不将这件事当做个人的研究成果，而是从研究所的发展角度来看，这绝对有百利而无一害，所有人都会受益。但就因为我是韩国人，所以他们便对我妄加臆测。

这位研究员对我的责难持续了好一阵子。最后甚至有人说我其实是为了个人荣誉，为了一己之私。这已经超出了我所能忍受的限度，于是我毅然做出了决定："即便离开这里，我也会和丈夫继续进行和韩国相关的研究。我们已经准备好了。我从未想过要把这里变成韩国文化研究所，各位大可不必担忧！"

他只当我在放狠话，无言以对又怕自己在气势上落了下风，所以带着满脸嘲讽的表情回座位上去了。后来我退居二线，和丈夫一起将韩国研究所改名为东岩文化研究所，那些又羡慕又嫉妒的视线又聚拢到了我们身上。

周遭的怀疑恰恰是我们努力的证明。这说明其过程和结果已经足以引起别人的注意。因此，我们其实没必要去关注那些只懂得耍嘴皮子的家伙，也不必去理会他人的评价、责难，甚至是不理解。

比起对别人的指指点点，我更倾向于当一个倾听者。为了想要成为参天大树，为了社会的发展，我的专注无疑更具效率。

所以我也劝诫身边人，不必为那些和自己信念和意志无关的、只懂得耍嘴皮子的人花费心思。因为你越是在意，就越会动摇，反倒无法集中精力去做你应该做的事情。

想要孩子茁壮成长，父母有必要坚定内心来武装他们的幼小心灵。

我们家孩子遭受流言蜚语的攻击时，我总以母亲曾教诲过的“树大招风”来劝慰他们。

尤其是洪柱在美国国务部身居要职，我总劝告他“别担心舆论，周围的责难恰恰证明了你已成长为大人物”。洪柱也向身边的同事转告了来自外祖母的劝诫，他们都为韩国长辈的智慧而感叹不已。

战胜困难，迎来转机

身为首任驻美特命全权公使，丈夫在华盛顿度过了九个月的时光，任期一满，他便不再投身政界，而是致力于培养下一代。

丈夫之所以这么做，原因有二：第一，全力以赴为国鞠躬尽瘁，他无怨无悔；第二，和自身的能力和努力无关的，国家之间的政治斗争，他实在不想再和它有一丝一毫的牵扯。自己为了祖国的民主化而献身，到头来却眼睁睁地看着军事政变更替政权，这对于丈夫来说实在是万分痛苦。韩国军队属于联合国部队，但是面对韩国军队发起的政变，美军却采取了沉默的态度，不愿牵涉其中。身为一个热切盼望祖国民主化的法学学生，看到政权惨遭不法之徒的践踏，他内心失望之情，可见一斑。

总是手不释卷的丈夫在执行公务时总叹息，说自己根本静不下心来好好读一本书。“今天看书时连一行都读不进去。”听到丈夫这么说，我真切地感受到了他语气中的叹息，以及内心深处的挫折感。连一个真正的朋友都无法交到的、虚妄的外交官生活更加重了丈夫心中的痛苦。虽然每天要参加两至三场宴会，但是外交官们都以自己国家的利益为先，只能将彼此视为“对方国家的马前卒”。糟心的事情还不止这一桩，因为马里兰州学生的学习态度和剑桥的不一样，所以孩子们在华盛顿的生活也过得非常不好，总受到不公平的对待。总而言之，在华盛顿的生活，唯一的意义在于为国效力，此外全无顺心之事。

那时丈夫将家中生计全盘托付给我，自己则将每月薪水筹作秘密经费。当时我在哈佛大学读研，为了继续研究汉语和汉学，还跑到乔治敦的研究院上课。从怀着老幺到生下孩子，我也从未中断过学习、操持家务。身为大使夫人要负责大使馆的接待与志愿活动，平时还要学习，但我从未觉得上天待我不公。跟随丈夫的意志，我已学会既来之则安之。

身处失败和挫折时，该如何渡过这一难关

丈夫毫不犹豫地递交了辞呈。接下来的一个月里，丈夫奔波于上下议院和白宫，指出军事政权的非法性以及美国的矛盾。

现在回想起来，那个时候似乎成了我们家的转折点。虽说在和丈夫共度的这一生里，我们从未遇到过这样进退两难、看不到未来的时期，但是也多亏了它，我们全家才有了新的发展机会。我总这样鼓励丈夫："除了胜利之外还能克服失败和挫折，为了将来常做准备，这样才是伟大的人物不是吗？"

就这样过了一个多月，丈夫终于振作起来，重拾在担任外交官期间一度抛弃了的东方法系研究。丈夫认为，在这急速发展的世界化进程里，只反映西方价值观的国际法其实并不正确。

此外，在日韩两国的大学里，法学系都只教授西方法律，这时应该有人站出来，将累积了几千年的东方法系和传统思想延续下去。恰在此时，位于华盛顿州西部的法律大学邀请丈夫前去执教。而我在华盛顿也得到了一份薪水颇丰的工作。

但是我们夫妇俩已经决定离开华盛顿。

最后我们就这样孑然一身地搬到了纽黑文。现在回想起来，我也觉得作出这个决定实属不易，但既然全力以赴地活下来了，那肯定要开拓出一条好路，就是这份渺茫的信心，使得我们做出了这样的决定。

实际上没过多久，我就在耶鲁大学比较文化研究所做起了全职工作，两年后我们夫妇俩一起在耶鲁大学法学院教书。丈夫在位于长岛的霍夫斯特拉大学（Hofstra University）兼任政治学教授，每周有三天要搭火车上班，就这样过了四年。

即便父母忙得脚不沾地，孩子们依然茁壮成长，并在学校崭露头角，他们是各大报纸头条的常客，并得到周围人的交口称赞。在那之后，丈夫在康涅狄格周立大学国际关系中心兼任所长和教授，并经营着韩国比较文化研究所，也就是东岩文化研究所的前身。就这样，我们在纽黑文安了家。

从那以后过了10年，公公去世后，50岁的丈夫突然就陷入了忧郁之中。留在韩国的朋友不是当了官就是成了大学校长，自己到底该做些什么才能报效社会，丈夫为此陷入了苦恼。

最后，丈夫开始研究美国各界所发生的重要问题，并就解决此类问题开始写评论。除了美国，他还订阅了韩国、英国等地发行的报纸，并收集材料，将那些在韩国国内无法诉诸于口的事情书写成文章。

丈夫心里怀有一个信念，那就是要把美国的政党和选举制度介绍到韩国，为祖国的民主化作出贡献。他每周完成一章，每年汇总成一本名为《美国评论》的书，一共出版了 9 本。即便是 1982 年中风后，他也没有停止过写作。最后，他终于摆脱了和自己的信念背道而驰的杂务，寻找到了其他能表达自己意愿和意志的方法。

在一次偶然的机会下，在纽约哥伦比亚大学举办的韩国学研讨会上，我遇见了当时正过着流亡生活的前总统金大中。在互道寒暄后，他问我："高光林博士怎么没来呢？"我告诉他高博士现缠绵病榻，他说自己在狱中时将全套《美国评论》翻来覆去读了好几遍，并托我向丈夫转达他的问候。

其实，和金大中总统结缘要比这次会面早得多。丈夫还在哈佛大学读法律时，李姬镐女士曾赴美留学。当然，那是她和金大中总统结婚前的事情了。那时候他们一道发起了以"韩会"为名的民主地下运动。每逢周六，韩裔医生、交换教授、研究生们就会聚集在一起，为祖国的民主化进程感到忧心，我以喜悦的心情迎接了他们的到来，并为他们准备了欢迎宴会。听到这里，金大中总统告诉我，他之所以会读我丈夫的著作，都是托了李姬镐女士的福。

无论在何种情形下，丈夫一直怀着要为祖国的民主化进程献身的信念，终身作为韩国人活到了最后一刻。他的爱国之心和高风亮节对孩子们来说影响至深。虽然他与世长辞已逾三十载，但每当孩子们发表演讲时，父母的话语总浮现在他们心头。他们以教育的形式，将父母的信念一代又一代地传承了下去。

父母和孩子，请各自审视自己的内心

年轻人为前途感到苦恼时，我总劝他们审视自己的内心。不能欺骗自己，如果此事对不起自己，那便要立刻放手。

“这似乎不是我要走的路”，一边这么想着一边却还是做不了决定，这样做无疑是自虐和放任自流。如果现在你无法从所做之事得到幸福，那你便应该果敢地寻找新的出路，去发掘自己无限的可能性。虽然没人知道前路的尽头会有什么，但可以肯定的一点是，那会是比之前更好的另一种生活。

“逆境”倒过来便是“经历”。孩子们现在所经受的困难，在日后将会成为经验乃至技巧，变成只属于自己的武器。

养育的目的，是要让孩子们能发现自己的翅膀，让他们能自由飞翔。父母不能阻止孩子去寻找更大更好的世界。他们的使命，是要培养孩子们飞翔的力量和勇气。

虽说船留在港口最安全，但是只有经历过风雨的洗礼，才能寻找到真正的自由，只有向更宽广的大海前进，才能更忠实于自己的角色。父母就像港口，我们只需要守住原位，当孩子身心俱疲地向我们奔来时，温柔地张开怀抱迎接这叶风雨飘摇的小船。

父母给予机会，孩子创造奇迹

和在社会上取得极大成就的人士谈话时，我总能听到这么一句话。那就是“因为运气好所以成功了”。他们是因为谦虚，或者说是假装谦虚，所以才这么说的吗？

事实并非如此。人如果要做一番大事，势必有运气相随。一切都在伺机而动，这个“机”，在很多时候，是能左右事情成败的决定性因素。这就是人们经常说的“机会”。

这样说来，造就机会的运气，到底是怎么来的呢？

在我孩子和其他人身边目睹过许多次和机会相遇的场面，我觉得，我大概会知道这个问题的答案。

运气和人缘，你给予了多少，就会回报多少

所谓运气，其实就是努力聚集而成的产物。“那个人运气真好啊”，如果你这么想，不妨留心观察一下那个人的生活。只要这么做，你立刻就能发现，他有多么努力。

直到如今，我还没见过不劳而获的幸运和机会。我所知道的运气，是在尽全力之后，觉得“接下来那就是我能力之外的事情了”的时候所出现的东西。当你全力以赴去完成自己的任务时，运气就会随之而生。古人有云，尽人事听天命，说的就是这个意思。

环视一下我们身边，你就会发现，有许多的人特别有人缘。这些人在遇到人生的重要关头时，总有其他人来帮他们解决难题，如果他们需要什么，总有人带着那样东西出现，来为他们排忧解难。

观察这些人的生活，你就会发现，他们这一生，其实也在不断帮助别人。如果你有觉得“我真没人缘啊”的时候，你有必要去反省自己，自己对其他人付出了多少情谊。

因为人缘是在情谊的往来中衍生出来的。人缘的好坏，取决于你自身的努力。如果你对人真诚恭敬，那么他人自然也会如此待你。相反地，如果你无视他人，甚至只为了得到某个机会而利用他人，那么对方自然不会真心以待。

运气和人缘并非凭空而生。它们都是努力的产物。没有经过努力得来的幸运是不会长久的。

因此，当意想不到的机会向你抛出橄榄枝时，你需懂得分辨，这到底是努力回馈的礼物，还是说只是引自己跌入陷阱的诱饵。平时德行有亏的人，即使机会降临，也不会懂得把握。因为他们根本没有做好迎接机会的准备。

意料之外的瞬间，恰是崭新的机会

我曾有过几次和意外之运相遇的经历。但那并非凭空而生的东西，就像刻苦用功后等待放榜，屏声静气的那一刻，机会就会来敲响你的门。

有一次，为了申请美国科学财团的研究经费，我提交了一份项目计划案。为了这个项目，我没日没夜地研究了好几年，光是写计划案就花去了将近一年的时间。但是，一位在斯坦福大学教中国文化的著名教授和我同时提交了计划案。当我等待官方公布结果时，财团的项目负责人给我上司打了电话："这次的项目，有另一位参赛者也提交了内容相近的计划案。那位研究中国社会，计划案写得很好。不过全惠星女士的比较文化研究方法也是非常优秀的。但是我们听说这位女士的月薪好像很低。如果她的研究价值在贵所不受重视，那么我们财团是很难下拨这笔研究经费的。"

上司大吃一惊，立刻重新审视我的计划案，并笑容可掬地加了我两倍的薪水。最后，我在这三年里除了一直接受研究赞助经费，还将他们对于东方女性的偏见进行了一次拨乱反正。

当我在耶鲁大学比较文化研究所里从事文化信息系统的开发工作时，意料之外的幸运敲响了我的门。东洋学会决定新建一个信息系统组，并任命我担任组长。这意味着他们在东洋学全体的信息调整中采用了韩国人以韩国学资料来开发的信息系统。对我来说，这是非常值得重要的一次决策。

但是，因为正在进行的研究和嗷嗷待哺的孩子们，我无法担此重任，甚至连全职工作都做不到。我满怀愧疚向学会提出了请辞，学会却非常爽快地改变了条件 ：“我们可以更改条件，直到符合你的要求，请继续负责信息系统的开发吧！如果觉得全职困难，那么只来上半天班也是可以的。你可以继续在耶鲁大学工作，一年里来这边参加几次会议就可以了。”

1979 年，我收到来自日本的信息，我所尝试的比较文化信息系统，将在日本国立民族学博物馆新落成的展馆和三百多种其他文化事业中使用。没有比这更大的荣誉了。虽然我当时高兴得快要飞起来，但是想起仍在上学的孩子们，我就无法爽快地下决定。

那时给我打气的正是丈夫。他让我不要担心，鼓励我去做自己喜欢做的事情。此外，耶鲁大学比较文化研究所也认为这是“研究所的光荣”，积极地给予了支持。在身边各位的支持下，我飞到了日本，进行了为期三个月的研究。从那以后，我多次飞往日本进行研究，丈夫去世后，我作为客座教授，在日本生活了两年。

说实话，我从不期待运气。我只是在自己想做的事，以及和社会利益有关的事情上全力以赴罢了。就这样在某一刻，意料之外的新机会就这样找上门来。

我明白了这样一个简单的道理 ：只要你全力以赴，机会就会出现在你面前。

比起学习语言，文化体验更重要

最近美国某些城市出现了街道韩语学校，使得在美韩国人二代们也能学习到韩文。20 世纪 50 年代上半期，我在美国结婚生子，那时候根本没有地方能学到韩文。当我们下定决心要教孩子说韩语、写韩文的时候，所有的问题便向我们扑来。

即便日常生活再忙，丈夫和我都认为有必要教会孩子们韩文。因为我们希望，孩子们能理解韩国的历史和文化，能够为身为韩国人而感到自豪。即使在美国生活，我们仍热爱韩国，并希望能将东西方文化融会贯通，以此出发，来教育我们的孩子。所以我们夫妇俩想尽各种方法，希望能帮助他们理解韩国的文化。

首先，孩子们总会出门，和朋友们玩耍，或是到学校上学，那时他们肯定会说英语，所以我们便不让他们在家使用英语。此外，我们还买了韩国童话书念给孩子们听，竭力培养起他们内心深处身为韩国人的骄傲。在我们的努力之下，孩子们没过多久就学会了一口流利的韩语，甚至还会读会写韩文。

但是，要培养生在美国、长在美国的孩子们对韩国的热爱，这并不容易。因为他们没有真正体验过韩国的生活，只学过语言，这样会存在着一些意料之外的困难。举例来说，从韩国买来的童话书上，画着一个小孩儿在水池边洗脸，然后穿着之前穿过的衣服入睡。这时候孩子们就会摇着头问："妈妈，为什么要在院子里洗脸？""妈妈，这孩子为什么睡觉不穿睡衣？"

他们没有见过设置在院子里的水池，他们不知道当时韩国的发展正处于裹足不前的阶段，要向他们一一说明那里的生活情形，这还真不是一件简单的事情。我从中明白到一个道理，如果生活和语言不一致，那么这门语言也只不过是死物而已。

我们夫妇俩苦恼了很久，最后改变了主意，允许孩子们在家里讲英语。我们承认，孩子们在美国长大，要教他们韩语，这本身就存在着局限。

因为语言是一个国家的文化的精髓，我们希望孩子们能自然而然地学习韩国的文化。但是从那以后，我们就改变了策略。比起教韩国语，我们更多地把心血和注意力集中在传授韩国文化，培养爱国情操上。

语言是通往新世界的窗口

一开始到美国留学，我碰到的第一个困难就是语言。虽然从高中起我的英语成绩就一直名列前茅，在大学更是专攻英语，觉得自己的英语水平已经足够好，但是一到美国就在语言上碰了壁，心里的挫折感之深可想而知，脑袋和舌头都已经开始发僵了。我心里也有过惶恐，怕自己无法自如地运用英语。之前从英语课本上习得的知识根本无法应用到实际生活中。只有和美国人民实打实地交流碰撞，才能学到新知识。我要学的，是能在美国的文化中生存下来的英语。

直到现在，我也有听说有些韩国留学生在韩国的时候，英语讲得很流利，一到美国就全无用武之地。因此，韩国留学生总喜欢搞小团体，不怎么愿意和美国学生打交道。

但是这样下去，他们的英语是绝对不会有起色的。无论是哪个国家，如果想要学习那个国家的语言，你就应该和当地人打成一片，从他们的生活文化学起。无论是学习研修还是在学校上课，只凭认真听课是绝对无法学好英语的。出了国，你的首要任务便是要尽快学习那个国家的文化。除了上课，你还应该抽空多逛逛，亲身体验他们的文化。如果不这样做，哪怕你在大学念到了博士学位，你也无法学会真正的英语和美国文化。

在韩国教小孩子英语时，除了单纯让他们背单词和课文，还应该增强他们对美国文化的认识面。孩子们在学外语的时候，还应该学习那个地区的文化，培养自己的国际视野。除了英语，其他语种也应如此。最近以汉语为首，法语、德语、西班牙语等各国语言纷纷吸引了大众的目光。如果有能力，能多学一门语言也是好的。通过语言来学习、理解他国文化，这样会给孩子的人生带来意想不到的效果。

语言是一扇小小的窗口，但是却能展现给孩子另一个截然不同的世界。我由衷地希望，父母们能为他们提供更多的语言和文化刺激，孩子才能推开更扇窗口，看到这个世界更多的美好。

第5章

诚信领导法的品德5

和谁分享幸福？

幸福是满足的别名。如果我对眼前的一切不满足，贪欲就会抬头，不幸便会降临。如果想要孩子成长为一个幸福的人，与其纠结要留给他多少财产，不如静下心来好好想想，先找到让孩子心灵感到满足的方法。教会孩子共存比竞争更可贵，保存比发展更重要。当你把这种价值观深深种在他们心里的时候。孩子的未来自然就会更加光辉灿烂。

要留住的不是财富，而是感恩之心

我祈祷的内容经常是感恩。无论欢欣抑或疲惫，我的祈祷总是以感恩开始，以感恩结尾。我一直努力地让自己做到不以物喜、不以己悲。我感谢上天赐予的一切，如果有想要的东西，就会更加全力以赴。因为我深知这世上没有不劳而获这一回事。

感恩祈祷对维持平常心能发挥巨大的作用。这一点只有那些深知平常心价值的人才能体会。如能维持一颗平常心，你就再也不会被动摇。你只需安静地审视你的内心，高度的集中力便会生效。毫不夸张地说，我的人生，其实就是平常心累积的成果。

真正的幸福由心而发

如果不懂感恩，你拥有再多也无法感到幸福。虽然这世上有很多人总以物质的价值来衡量别人的成功，但人生的价值绝不是可以用物质来评定的。用别人眼中十分艳羡的高墙大院、香车宝马、金银珠宝来妆点自己，难道就能过得幸福了吗？你拥有多少，烦恼和苦闷就有多少。有就是有，没有就是没有，这就是人生。

20 世纪 50 年代，那会儿我还是工读生，生活费严重不足。在美国生活了七八年，我一直节衣缩食，除了袜子，我几乎没怎么买过新衣服，但我从不认为自己过得艰苦。尽管物质上很匮乏，但我的内心比谁都要富足。

每个人都梦想着能过上幸福的生活。这么说来，幸福的生活又是指的什么呢？有一点可以肯定，那就是幸福并不受外界影响。会被外部的环境和时刻变化的条件而左右的喜悦或兴奋，并不能称之为幸福。

在我看来，真正的幸福始于自我满足。我清楚自己是谁，感激自己所拥有的一切，对这一切珍之重之，这就是幸福。

幸福是靠自己的双手创造得来的，并非来自于他人的施舍。就算内心有各种各样的复杂想法在横冲直撞，但只要拥有一颗平常心，你就能体会到真正的幸福。这种植根于内心深处的幸福是不会受外界的风吹草动而动摇的，因为，从极致的平常中所品味到的感恩，就是幸福结出的果实。

学会共存的智慧

退休后能在安静的所在过得健康无忧，我对此一直心存感激。此外，我还有地方能工作，可以和年轻人打成一片，为这个社会贡献自己的力量，这也是一件非常值得感恩的事情。

关系很好的隔壁太太最近沉浸在丧夫之痛中。她的女儿非常担心，于是将母亲接到了自己家里。没过多久，我就到她女儿家去探望她。但是一见到我，她就握紧了我的手，向我大吐苦水。

她主要向我抱怨对女儿女婿的不满。例如，看到她提着菜篮子进门，女婿不会跑过来帮她提，女儿不和她一起吃早餐。虽然能理解她郁闷的心情，但我也不免觉得，为了这些小事抱怨未免也太小题大做。于是我跟她说，哪里会有女婿整天都注视着丈母娘的一举一动，其实你应该感谢现在的这一切。

她之所以会觉得郁闷，原因只有一个，那就是对对方期望过高。如果能适当放低期望值，其实并没有什么事情能让她郁结难过。在那之后过了几天，我接到了她的感谢电话。她告诉我，在我离开之后自己仔细想了想，觉得实在有很多地方要感激女儿女婿，但自己却一直在钻牛角尖，一念及此，便觉得后悔莫及。

世上最不幸的人，莫过于是身在福中不知福的人。终日在病榻上苟延残喘的人所期盼的，不过是能凭着自己的双腿重新站起来。只是那些拥有健全双腿的人，却不懂得这一切有多珍贵。

我曾看过关于各国幸福指数的报导。作为对一直以来只追求经济增长的固有政策的反思中的一环，经济合作暨发展组织（OECD）发布了各国幸福指数，其明确指出，经济能力和幸福绝非一致。虽然经济能力是幸福指数中的一种，但它并不是全部。2012年OECD的调查数据显示，在OECD国家中，经济能力最出众的美国，幸福指数排行第3，落后于澳大利亚和挪威，韩国在34个成员国中名列第24。

在这份数据中，有一个国家最值得我们关注，那便是不丹。不丹并非OECD成员国，是个人口只有70万的小国，国民收入甚至还不到2000美元。这个国家物质文明并不发达，直到上世纪90年代，电视机才开始普及。但是97%的国民表示自己生活得非常幸福，不丹是全球最幸福的国度。在这非常落后的环境里，他们为何能生活得如此快乐？

我向生活在美国的不丹朋友问出了这个问题。他告诉我，那是因为不丹人对物质生活没有过多的贪欲，懂得分享，并且每天都感谢神明。

美国是一个没有钱就活不下去的国家，不丹却与之截然相反，这两者简直是天壤之别。那是因为不丹人深知共存的智慧，而非竞争。

种下对民族的感激之心吧

如果去纽约现代美术博物馆，你就会看到象征着美国人生活的画作。这幅画里，篇幅最大的是一栋宏伟的屋子。在那之后是汽车和信用卡，极具讽刺意味的是，房子、汽车和信用卡的主人——人类，被描绘得非常渺小。这幅画表现了只懂得追名逐利的现代人的生活。现实生活中，不也有很多人为了购屋和车，把自己的一切抵押给了信用卡吗？

幸福是满足的别名。如果不满足于现在所拥有的一切，贪心就会抬头，不幸就会自此而生。如果想要孩子成长为一个幸福的人，那么比起苦恼要留多少财产给他，父母更应注重培养孩子内心的满足和感恩之心。比起竞争和发展，当我们教会孩子共存和珍惜时，他的前路肯定会变得更为光明坦荡。

成为能带给别人力量的人吧

柏拉图曾说过，要关怀他人，因为你所遇见的所有人，都在和生活进行角力。人生在世，其实每天都在进行着艰苦卓绝的战争。人生本就艰难，如果不做些有价值的事，我们只会活得越来越痛苦，所以我们才要寻找活下去的理由，为我们的人生赋予意义。只是这场战争的意义，并不在于赢了对方，或是赚到更多的财富。我们穷尽一生，为的是要让对方顶天立地，为的是要和更多的人分享财富，进而倾我所有去帮助对方，这就是“共赢”。

评价伟大的标准

我的父亲总说，判断一个人有多伟大，要看他给多少人带来了多少帮助。这句话我从小听到大，一直铭记在心，最终成了我衡量自身想法和行为的标准。

第二次世界大战结束后，韩国陷入了粮食不足的困境，曾经营一家制药公司的父亲种了豆芽拿去卖。豆芽虽然便宜，但是营养丰富，对于粮食不足的贫困家庭来说是再合适不过的食物了。此外，当得知我们无法从美国购入药品时，父亲立刻开了药店，熬制专治感冒风寒的中药，效法西药装入瓶中，好让患者方便服用。他还拜访了精通民间疗法的大夫，研究出方子，和母亲在家中亲自试验，当他们取得一定程度的研究成果时，便会将其送往制药厂，量产出药物投入市场。

父亲常说，行商之道，是要对社会乃至国家有益。以上举动对于他来说，只是再自然不过的事情罢了。

受到父亲的影响，无论是做生意还是做学问，我一直努力要成为一个能对韩国，乃至对社会做出贡献的人。最近我致力于东岩文化研究所举办的 Culture Wear（文化服饰）活动，其中真意便是与父亲的期望一脉相承。

之所以会选择攻读社会学是因为我认为，只有正确认识到社会的需求，才能做更多对社会有益的事情。其实在大学里学到的社会学知识，与我日后所选择的方向并无太大关联。

但是多亏了那时所学的我国朝鲜时代的社会构造和价值观等知识，我之后才能在美国的大学中更顺利地开设韩国学课程，这也成为了日后东岩文化研究所举办各种活动的知识基础。

通过东岩文化研究所，我向来自全世界的学生讲授韩国文化及其特性，并致力于帮助那些分散在世界各地的韩裔及其子孙后代们正确地树立文化认同感。之所以这么做，是因为我希望，那些移民者们能少经受一点我和孩子们当初曾吃过的苦头。

尤其是我们的后代们生活在种族歧视的环境中，有很多事情都需要自己去开拓发掘，所以不知不觉间就会经受到许多挫折。我以这些经验为基础，掌握了韩国移民者后代和旅美韩国青年们的需求，研究出了应对之策。此外，在东岩文化研究所，通过和许许多多的旅美韩国青年以及他们的家长进行对话，我了解到当下韩国年轻人的烦恼和梦想，并和他们一起谋求对策。

孩子们在确立自己的梦想时，总会先去探索自己的周围，掌握身边人和社会的需求。如果对自己所处的社会和世界所产生的变化漠不关心，他们就不会知道，在这个日新月异的世界里，我们该做些什么才能报效社会。

现下能为人们带来实质性帮助的事情

1970 年 5 月 1 日，反对越南战争的学生在俄亥俄州肯特大学举行了示威游行。在那次活动中，三千余名学生与国防警备队发生冲突，最后造成四名学生死亡。该事件在美国国内引起极大反响。除了学生，知识分子和劳动者等社会各阶层纷纷投身到反战运动当中。

示威每天都在美国的大学里发生，在这过程中，人权运动家波比·西尔（Bobby Seale）所遭受的不公裁判成为了头条新闻，美国社会陷入了巨大的混乱之中。

波比·西尔是美国黑人社团黑豹党的创始人兼议长，因在1968年在芝加哥召开的民主党国立集会上引起暴动而被判入狱四年。在那之后，对黑豹党的审判于1970年在纽黑文举行，该审判有失公允，民间早已怨声载道。

在那时，波比·西尔的审判移交到耶鲁大学所在地，同时也是我们夫妇所居住的纽黑文市的第二联邦法庭进行审理。从那时候起，耶鲁大学的学生开始了为期六周的反政府示威。在那段日子里，耶鲁大学的冰球场混乱得像是一颗定时炸弹。最后校方只得推迟期末考试，发布了停课令。虽然在那一年，耶鲁大学改变了以往只收男学生的规定，开始推行男女共学，但昔日生机勃勃的学校完全变了样，学生们的示威也越演越烈。

那时京柱在耶鲁刚上大一，虽然学校离家不远，但京柱说想体验独立生活，所以住在了学校宿舍。

将京柱送去住校时，我们曾约法三章。那是为了能让京柱过得比在异地更自在而立下的约定。临别前我们嘱咐京柱，如果没有什么特别的事情，就不用回家了。但是入学没多久，情况就变得混乱起来了，我们不能不担心儿子的安危。

停课令一发，就连学校的饭堂也关门大吉。位于耶鲁大学校园里的教会制作了三文治，送给示威的学生果腹。但是我们谨记着和京柱的约定，只能等他打电话回家。示威越发白热化，流言四起，人心惶惶，我紧张得嘴发干。

就这样在焦急中等了两个星期，京柱终于打来了电话。

果不其然，京柱告诉我们，他想亲自目睹整个事件，想亲自判断对错黑白。他说看着许许多多的学生和市民参与了游行，为改善种族歧视和人权问题忘我地讨论，自己也渐渐明白了他们的心。但是，京柱得出了和他们不同的结论。

若要帮助这群生活在美国社会贫困潦倒、受尽不平的可怜人，眼下最需要的不是说辞或是热情，而是实质性的方法和策略。

因此，京柱硬邦邦地扔下一句话："没有对策的讨论根本毫无意义。"经过两个星期的苦思冥想，京柱得出的结论，便是要成为一名医生。

"我非常渴望能帮助他人，这份心愿非常强烈。但这愿望越是强烈，我就越发感觉到自己力量的弱小。放眼当下，我们最需要的，是能切实帮助到他人的技术，所以我决定要攻读医学。"

虽然从根本上同意示威人群的想法，但京柱认为，眼下和追求政治上的正义不相上下的要务，便是为人民服务。

百言不如一行

最近在韩国，企业对自己的社会角色越来越重视。关于政治上的正义和道德性的争论仍在持续。但是这种话题只不过是为了抓住消费者眼球的广告标语罢了，我们不能让它成为吸引民众好奇心的虚伪道具。

现在大人物们所主导的一切市场和政策，全都被我们的子女看在眼里。就算他们小时候看不透这其中的内幕，但当长大成人，成为这社会的生力军时，他们就会冷漠地批评父母辈所犯下的过错。

如果想孩子能拥有正确的想法并付诸实践，我们身为父母，理应以身作则，为他们树立一个诚实可靠的榜样。父母年老后，这就是下一代肩上的重担。看到父母敦亲睦邻，为社会发展贡献自己的力量的模样，无需特别指导，孩子自然而然就会继承父母的价值观，并以此为己任。

如果对孩子有所期待，比起说一百句无用之语，用你的实际行动来告诉他们更为有效。父母的行为是一部活生生的教科书，能在孩子心中种下永不动摇的种子。

其实，我们那一辈，都是在国家最困难的时期挣扎求存过来的。那时，接受教育的机会少得可怜，没有足够的时间去了解更多，去苦恼如何才能报效社会。我得以考上大学，甚至远赴重洋到美国留学，这实在是莫大的幸运。尤其在那个时代，女性接受教育的机会可谓少之又少，更遑论参加社会活动。

但如今，韩国拥有了毫不落后于国际社会的竞争力和技术基础。除了我们的民众，它还让整个国际社会日臻完美。这才是对含辛茹苦养大我们的父母最好的报答。

人生于世，就是为了偿还欠这个世界的债

“为国家服务，其实就是在偿还我这一生所欠下的债。”

这是三子洪柱在美国上议院的认证听证会上所说的话，那是他被任命为奥巴马政府国务部法律顾问之前的事情了。如洪柱所说，我们都是要用一生来还债的人。

在很小的时候，父亲曾给我讲过农夫的故事。农夫耕作的时候，心里已经在筹谋着下一块要开垦的耕地。就算再也犁不动地，他们也会把土地打理得肥沃，好让下一个继承者能大获丰收。对待农作物生长的田地尚且如此，更何况是孩子的未来。

父母总是一手包办，为孩子打点好未来，总让孩子留在自己目所及的地方，这样才能放心照顾。有句话说得好，“越是分享，越是富有”。再微不足道的分享，它的分量亦是无与伦比。

世上有许多伟大的传奇，初时亦起于青萍之末。说来好笑，愈是帮助他人，自己反而能获得更大的力量。所以从小就跟着父母帮助他人的孩子，无需父母多花心思，自己就能成长为优秀的人才。

实际上，让孩子多参与志愿活动，父母能收获超出期待的教育效果，这样的例子比比皆是。首先，帮助过别人的孩子，会体会到迄今为止从未有过的崭新感情。他们会去思考，该怎样做才能帮助到他人；当自己以一己之力帮助到他人时，他们会感到由衷的喜悦。

为了拥有这样充实而有意义的人生，就要学得更多，这样自己才能拥有更大的力量，一旦认识到这一点，无需他人吩咐，孩子也会认真学习。我的孩子们、在东岩文化研究所接触过的大学生们，乃至我所见过的成功人士，他们全都经历过这样的过程。

有位韩国女性嫁给了一位犹太律师，每逢年末，他们家就会围坐在一起，进行一个例行活动。那就是一起寻找在新的一年里，他们该往哪里捐赠。托他们家的福，作为非盈利团体，我们研究所连续好几年一直得到帮助。她总为韩国人疏于分享而感到可惜。对犹太人来说，分享是一种绝对的价值观，同时也是他们的传统。虽然感到抱歉，但我非常认同她的观点。

能让世界变得富有的方法

1997年，我有幸访问蒙古乌兰巴托大学。让我感到意外的是，蒙古学生的教授们大部分都是韩国人。为了纪念这次来访，学生们为我演奏音乐，其中相当一部分曲子都是韩国音乐。

大学医院的情况相差无几。当时我访问了蒙古延世亲善医院，院长是全成源（音译）博士。虽然候诊室里坐满了蒙古患者，但医生、药剂师以及护士全都是韩国人。看着这些人，我感觉到身为韩国人的自豪感。

韩国人总倾向于这样一种观点，那就是认为，为社会服务是使命感强的人，或是有时间、有金钱的人才去做的事情。甚至有些人还会反问一句，我们混口吃的都已经够困难的了，怎么还有时间和精力去帮别人？

诚然，我们不能要求温饱都成问题的人去捐赠或是做志愿活动。但是有很多人靠在路边摆摊卖紫菜包饭或是捡瓶子来赚取金钱，然后分享温暖。这世界上有很多无名英雄，他们努力地做着让这个世界变得更美好的事情，却从不求闻达。因为他们懂得施比受更有福。无论是施予者抑或是接受者，他们都能获得愉悦与幸福。明白这一点的人，渐渐也会积极主动参与志愿活动。

伊丽莎白·斯威夫特（Elizabeth·Swift）是《大地》作

者赛珍珠的侄女，她曾是我们研究所的编辑。虽然伊人已逝，但每当我们对东西文化进行比较时，我偏向于东方文化的优秀性，她便会着急地大声反驳。这场景如今仍历历在目。

在上世纪六七十年代，反共思潮麦卡锡主义在美盛行，她一直看着自己的亲舅舅，也就是赛珍珠的丈夫，暗中帮助那些因身为共产主义者而蒙受不白之冤的著名学者出版著作。也许是因为在这样的环境下长大，虽然我们在意见上经常有分歧，但一旦我们邀她为东岩文化研究所发行的刊物撰文，她总会欣然应允。从小一直看着舅舅乐于助人，她长大了便也见贤思齐。在这一生里，只要我们有需要，无论何时何地，她都会伸出援手。

这份心意，在她与世长辞一年、丈夫再婚后的如今依然得以延续。她的丈夫每年都会以她的名义捐款给东岩文化研究所。伊丽莎白·斯威夫特这个名字至今仍在东岩文化研究所的捐赠名单上熠熠生辉。虽然伊人已逝，但她乐于分享的精神永远活在我们身边。

分享的出发点是为了他人，但是它所带来的效果会像回力标那样返回到我们身上。让这种睁眼可见的喜悦从我们的家庭传递到我们的左邻右里，乃至整个社会。它不仅能使你获得让家庭和工作之间所存在的矛盾和困难迎刃而解的智慧，还能让你发现一个眼界更开阔的自己。再者，它还会成为一个契机，让你了解更多那些在书上和学校里学不到的、社会的另一面。

滴水穿石，只要聚集起这一点一滴的努力，孩子就会在这个比父辈时代更丰饶美好的世界上活得更好。我经常为邻居着想，只要有这一颗心在，我们的后代就会过上更好的生活。想想看，我们要上哪儿找比这更美好的事情？

施比受更有福，获得这祝福的过程

在我居住的惠特尼中心，有一个名为 Knit and Stitch Group 的志愿团体聚会。12 位不便接受骨关节或是膝盖手术的老人聚集在一起，捐赠针织围巾和披肩。但是这 12 位老人通过耶鲁大学医院捐赠的物品每年能到达三百余条。在聚会上，他们结识到好朋友，让僵直的手指得以活动，还能学到新的针法，彼此都感到非常幸福。

除此之外，这里甚至还有一位年逾 90 的老人，每天早上在路边捡拾饮料瓶，卖给废品处理站之后用得来的钱进行捐赠。这样慈善和环保两不误的举动更加有意义。后来我才知道，这位是在纽黑文财团中发起保障妇女和少女未来生活的地域性运动“妇女基金（Girls and Women’s Fund）”的创始人。他的曾祖父曾任哈佛大学校长，他本人在退休前也是大学的教授。

这些人的内心，就像是一口深不可测的井。无论你舀起多少井水，它都一如既往地充盈。再怎么分享，它也永远不会干涸。如果想要关怀他人，那你的内心必须先充满了幸福。试想一下，如果我的内心如炼狱一般黑暗，那又如何能以真心去帮助他人?

美国的大学入学志愿书上甚至有这么一道题目，要求学生列出从小到大所参与的所有志愿活动。志愿活动要从娃娃抓起，美国人对此的重视程度可见一斑。这足以证明，美国社会十分重视为他人奉献，和他人友好共存。

据悉，最近在韩国，志愿活动也成为了大学入学考试的一项重要考核。但遗憾的是，仍然有不少学生把这认为是拿高分的一种手段。这大概是因为在学校里，成绩依然是重中之重的缘故吧。

但是，哪怕只真心参与过一次志愿活动，这样的孩子和那些从未做过此事的孩子的人生也会有极大的不同。因为体谅他人，关怀他人，只此一点就会让我们更幸福，和左邻右里分享它，社会将会形成一个幸福的良性循环。

没有人能独自成功

在以前，我们民族在收获自家前院栽种的柿子树上的果子时，总会留下几颗给那些在冬天活动不便的鸟儿，作为它们过冬的粮食。我们是如此善良的民族，不仅考虑人，还考虑到自然和动物。

这世上没有人能独自成功。所谓成功，也是众人拾柴火焰高。学会分享，学会关怀，这才是最有意义、最成功的生存之道。因此，想要把孩子培养成受人尊敬的领导者，父母应从小就开始培养他们的奉献精神。有才无德之人，他的才干是很难发光发亮的。

但是这种精神，并不是走几次形式就能实现的。只有把它作为你生活中的一部分，它才能显示出真正的价值。父母理应以身作则，这样孩子自然就会见贤思齐。

有句话是这么说的：“我们是折翼的天使，只有相互拥抱，这样才能飞向天空”。人生在世，和他人的相遇，都是为了填补自己的不足，学习他人的优点，来实现自我完善。我的孩子们也是在施予的过程中体会它的重要性。

我们一般总认为，志愿活动是舍己为人的举动，但是施予者反倒能获得更多，这是一个受到祝福的过程。它是助你拥有更广阔的视野，好让你能看到宽广世界的垫脚石。

抛弃“我好就行”的思维吧，乐于助人，关怀分享，当我以此作为人生信条时，孩子们的人生也会变得更加美好。

没有谁能光凭才干成功

我想起之前在东岩文化研究所主办的年轻专家会议上遇见的一位青年。他取得了 MBA 学位，并在一家人人趋之若鹜的公司上班。每换一次部门，他的薪水都会翻倍，可谓“春风得意马蹄疾”，总是引起周边人的艳羡。

他向我坦白，当自己的能力得到认可时，周围的人也会自然而然地跟随他的脚步。所以，比起在意身边人的感情，他更苦恼的是要如何才能做出更好的成绩。而且他认为，一旦和别人有了深入的关系，就会后患无穷，甚至会妨碍到自己的事业。

但是，在某个瞬间，他在升职的过程中被拖了后腿，最后丢了饭碗。

一开始，他很难接受自己丢了工作这一现实，但没过多久，他就承认了自己在人际关系方面的确存在问题这一事实。他开始思考，在非常短的时间内坐上了高层的位置却迷失了的自己，那些能力没自己出众，反而在公司里扎扎实实地工作了许久的同事，两者之间的差别。观察那些人的共同点后，他就发现，他们并没有把工作当成全部。下班后，他们会和其他同事一起去玩，分享烦恼，从而拉近和其他人的关系。

他说："我现在才明白，原来人生不是百米比赛，而是一场马拉松啊！”然后，就说自己和邻居约好了共进晚餐，站起身离开了。

善用大家庭的力量

世上真正的聪明人有很多。但当我上了年纪，才发现在这个世上，几乎没有什么人是只凭自己卓越的能力就获得了成功的。作为社会这个大家庭中的一员，温暖地去接近他人，以自己的能力使别人发光发亮，这样的人，以后才能成长为勤劳勇敢、受到大家认可的领导者。

个人的能力，取决于如何运用自己的才华，从而和身边各种有才人士完美合作。此言并非夸大其词，人的才能，工作的成果，如果有人从旁协助，才会取得更为耀眼的成果。

在惠特尼中心里，有不少行动不便，要坐轮椅的居民，但没有人虚度光阴。大部分人虽然已年过九旬，但却还为其他人，为这个社会奉献着自己的力量。

在这些人之中，有一位非常巧手的朋友，能造出精美的娃娃和家具模型。神奇的是，她为每一件作品赋予了一个故事，甚至还有详细的记录。刚好邻居家的年轻主妇非常喜欢收集各种各样的娃娃。我非常想把这位朋友制作的娃娃介绍给其他人。所以我提议，希望惠特尼中心内两百余名居民把自己家的娃娃拿出来，办一个展览会。早在三四个月前，我们就在惠特尼中心周报上登出了广告，表示我们想办这样一个展览会，向其他人介绍这些珍贵的娃娃身上所蕴藏的文化内涵。因为我认为这是一个极好的机会，可以对娃娃里承载的世界各国的文化进行比较。

但是没过多久，一件使人吃惊的事情发生了。来自埃及、阿拉斯加、印度、日本、美洲印第安、俄罗斯、爱斯基摩等十三个国家和地区，色彩斑斓的娃娃陆续来到了惠特尼中心。以惠特尼中心居民为中心，我迅速组成了娃娃研讨会的促进委员会。东岩文化研究所也做好了邀请韩裔团体和耶鲁大学客人的准备。接下来，娃娃展览会隆重举行。

其实我们这群人里面，没有谁是真的对娃娃很有研究，也没有谁准备了充足的资料。当我提出要举办娃娃展览会时，最先拿出自己珍藏品的人，事务缠身却仍积极收集资料，整理出娃娃的历史的人，还有热情地参与这次活动的惠特尼中心的居民，如果没有他们，这个提议就会变成泡影。通过这件事，我感受到了集体的力量。虽然独木不成林，但万众一心，就能创造出小小的奇迹。

社会的法则，付出多少回报多少

力量中的最强者，莫过于万众一心，向着共同目标迈步前进的合力。能力再强，也无法独自做到面面俱到。只要你留心观察周围，就会发现在我们的身边，人际关系网要比我们想象中的要大得多，甚至足以让人震惊。家人、亲戚、朋友、甚至是八竿子打不着的姻亲，他们一环连着一环，组成了一张无尽庞大的人际关系网。

对此善加利用，我们所计划的梦想将会变成现实。2012年，美国总统奥巴马成功连任，就是因为他善用了自身的人际力量。

从1970年起直到现在，东岩文化研究所已经举办了30届“旅美韩国人年会”。从波士顿大学人际关系研究中心那里，我学到了这类年会和讨论组织的重要性，我的家人们参加泛宗教集会已经四十多年，对这一点亦是深有体会。身为纪念世界女性年的白宫女性委员会的一员，我对此也是深有同感。

在那个地方所结识的，来自美国各大机关或是非盈利团体的女性相关人员所组成的人际关系网，我真切地感受到了它的力量。这张女性关系网源源不绝地为我们提供各种崭新的信息，诸如哪条法例将在何时进行何种修订，这对我们什么时候申请研究经费将会有很大帮助。

虽然在物质上我也受到了很多帮助，但这成为了我感受信息共享的重要性、网络的重要性以及组织力量的又一契机。比起一个人独自苦恼，我了解到了通过各种对话和讨论来解决问题的重要性，这促成了东岩文化研究所的年会。

最近的父母，从孩子进幼儿园起，就已经绞尽脑汁，让他们构筑起自己的人际关系网。从幼儿园起到小学，再到初高中，直到大学，我们一直在编织这张巨大的网。但是如果只有单方面的利用，这张网早晚都会破灭。想要这关系能长长久久地维系下去，我也必须要成为对方的力量才行。付出多少回报多少，这就是社会的法则。

传递安慰和支持的团体

在来美生活的韩国人中，对美国生活适应得最快的是一位孩子的母亲。母亲们参加孩子的家长会或是生日宴会时，能更快速地和美国的家长们亲近起来。扩大了的活动范围半径甚至能延伸到地区图书馆和教会志愿活动，这也有可能会变成自己今后的工作。布什执政时期，美国联邦政府劳动部副部长助理全信爱，就是背着孩子参加竞选，最后迈入了政界。

我最喜欢的事情之一，就是介绍我喜欢的人互相认识，构建一张对社会有用的人际关系网。后辈们团结一心互相帮助，成为新社会的领导者，光是想象这个画面，我就觉得无比愉悦。

在纽黑文和女性专家们每月一次的聚餐已经持续了将近四十多年，会员们多为大学副校长、教授、学科长、银行副董事、律师、作家、美术家，每一位都是行业中的翘楚。这个聚会的宗旨，虽然是为了让各位发表自己在专业上所取得的研究成果，但是我们也会分享家庭工作两相兼顾的艰辛，还有身为女性所受到的各种歧视和委屈。我们都把这个聚会当成是释放工作和生活上的孤独和压力的最佳场所。

在这个聚会上，我作为唯一的东方人，经常招待前来访问纽黑文的日韩女性们。因为我想给她们一个机会，让她们结识美国的女性专家，让她们可以自己发表意见。同时，我也希望其他会员能扩大东方女性的视角。在这个过程中，我们所感受到的，其实全球女性也都大同小异。来自东方的客人和初次见面的会员们一见如故，在结交的过程中双方都感受到了安心与温暖。因为她们在讨论家庭和工作上所感受到的困扰时找到了共鸣。

每个人在考虑到工作和家庭时肯定会感到疲倦。越是这样，我们就越需要结识那些相信自己，能给予自己支持的人，从而消除自己的紧张感。构筑多样的人际关系的契机其实随处可见。和那些与自己志同道合的朋友一起交流彼此的意见，是消除日常生活压力的好方法。

恩爱夫妻造就幸福孩子

这世上没有一种关系，能像夫妻关系那样充满未知。一直在截然不同的文化中成长起来的男女共同生活了三四十年，将自己的一切毫无保留地袒露出来，这就是夫妻。

如此看来，再恩爱的夫妇也会有不和。虽然怀着“离了他我就没法活”的想法和对方结的婚，但是不出几年就开始后悔“因为他我简直没法活”，这就是婚姻。

彼此没有血缘关系的羁绊，却拥有最亲密无间的关系，这时除了忍耐和等待，我们别无他法。比起在深山修道，在俗世中结婚生子，更能提高自己的修养，难道不是吗？

在西式教育中长大的我，以及在儒道熏陶下成长丈夫，我俩在性格上简直天差地别。所以在新婚初期，我俩经常为了一点小事发生争吵，那时候的我甚至觉得，原来婚姻生活就是这么艰难的吗？

从小时候起，我一直认为，男儿理应志向远大，所以和丈夫谈恋爱时，我也总留心这一点。但是等结婚之后，我发现生活中存在着许许多多意想不到的问题。丈夫无疑是心怀远大志向的有为男儿，但在家事上却笨手笨脚，总让我吃惊。虽然总有这样那样的问题，但最后还是圆满地解决了。虽然试过当场发火，但是在得知他内心深处的梦想后，我最终还是全盘接受了这一切。

有一次，丈夫没和我商量，突然就买好了我们一家的墓地。我们并非大富之家，甚至连一辆车都没有，怎么突然就做出了这种事情呢？再加上他事前根本没有和我商量，我下意识就抱怨他。

但是仔细一想，丈夫的做法也许有其正确之处。流落异乡，今日不知明日事，他作为家长，这样做其实是让我们要放眼未来。就算没有房子和车也能活下去，但是如果连最后的归宿都没有了，那该是多么让人难堪的一件事啊！我们夫妇俩下定决心，在最后我们绝对不能成为孩子的负担。那时候我就想，“这个人比我想得更远啊”，心里充满了自豪。

父母各自拥有独特的成长背景和生活环境，其婚姻观也是各不相同。这一切会在不知不觉中潜移默化，会形成孩子部分异性观和婚姻观。但是每当我们有机会对话，我们总会倾听孩子的想法和他们的近况，这样有利于他们倾听父母的想法。父母理应守护孩子在家庭中的幸福快乐的生活。这样他们才能在走出社会后，同样过得幸福无忧。

管鲍之交的快乐

结束了在华盛顿的生活后，我们夫妇俩重新回到了大学校园。那天，为了在耶鲁大学法学院谋求一个教师的位置，我们参加了面试。面试过程中，丈夫突然说了这么一句话：“我的妻子主修社会学。我想和妻子一起，去教我们的学生。”

“你在说什么？你居然想在法学院教社会学？”他们全都耸了耸肩，满脸不可理解。

“东西方社会结构和价值观大相径庭，如果要研究东方法律的根源和职能，那就有必要从社会学和人类学的角度对此进行说明。学习了这些内容，学生将能更加正确地理解法律哲学，以及法律的各种用途。要想西方学生学习到正统的东方法律，光教他们法学是远远不够的。”丈夫以坚定不移的语气说服了学科长。最后学科长点头应允，我们夫妇俩得以教同一门课程。

我们一直进行着学术上的交流，不断地发展新的理论，互相扶持共同进步。在和丈夫讨论时，我总能发现之前从未知晓的新事物，感受到了身为学者的纯粹的快乐。

有一天，研讨会结束后，学生们全都离开了教室，我俩在空荡荡的教室里讨论，全然不知时间流逝。我们感受着彼此课程的魅力，一点一点地发掘着新知识，每一分每一秒，都是如此珍贵。

我们就像是苹果和橙子，全力帮助对方，就像是彼此的左臂右膀，在讨论的过程中，我们总为彼此的学识感叹不已，心生自豪。

不知不觉中，我已不把丈夫当做这个家的家长，而是将他视为和我从同一个时代一起走过来的社会同伴。在这个过程中，我总能发现之前从未见过的丈夫的优点，身为异性的好感也与日俱增。

伴侣是这一生能倾诉心事的对象，如果也能成为工作上意气相投的同志，这可谓是人生一大乐事。丈夫不仅敬我是他妻子，更是把我视为一位学者，一位母亲。在和丈夫一起学习，一起讨论，一起对话的同时，我俩其实也在一起进步。身为学者、妻子、母亲，我的人生得到了极大的满足。

在这世上，每个人都能找到使自己日臻完美的那个人。和某些人相处得不好，话不投机半句多，但也能和其他人一拍即合，相见恨晚。人和人之间的关系总是相互作用的，遇见一个能促进彼此的进步，愉快地携手同行，促膝长谈的知己，这是多么重要的事情啊！

从小时候起我就一直希望，自己能和身边的人维持友好的关系。哪怕是让一个人露出难过的神色，或是某段关系在不知不觉中渐行渐远，我心里都会感到非常不安。但是在某一天，我突然领会到了，就算再怎么绞尽脑汁，想和不合拍的人拉近关系，到最后始终会碰壁。男女关系更是如此。

男人和女人互相对对方怀有好感，进而坠入爱河，彼此感觉相通是非常重要的。哪怕条件再好，如果没有足以吸引异性好感的心灵，两人的关系想再进一步，可就难了。此外，一个人的性格里，也必须拥有值得让人尊重的品质。

举例说来，人应该勤奋、亲切有礼，做事坚持到底、道德感强。我始终相信，只有互相尊重的两个人，才能发展成爱情。

展现夫妇共同成长的模样

丈夫和妻子，如果想拥有比他人、比血缘更亲密的关系的话，在互相尊重的基础上，还需要分享许多事情。因为累积共有的经验，这样才能有更多共同的话题，同甘共苦。可以说，这是夫妻俩分享人生的起点。

丈夫和我，从教会、宗教活动、观赏电影，兜风等各种活动起，一直致力于分享彼此的生活空间。一起教书，一起参与各种研讨会和公会活动，和移民者以及他们的后代保持沟通交流，培养他们的同志意识。

丈夫和妻子需成为彼此的同伴。在深爱彼此，成为一生同伴的基础上，两人还应携手共进，创造两人所能共同完成的课题。实际上，婚姻生活就是这样一个课题。

从在工作岗位上接下同一个任务的时候起，我们就已经设定好共同的目标，分工明确。除了尽好自己的职责，我们还要随时留心观察其他组员，看他们是不是需要帮忙。因为这就是所谓的共同的目标意识，它促使所有的成员齐心协力，合力完成任务。

夫妇一起寻找共同的目标吧

婚姻生活也是如此。不是期望对方为我做什么，而是要在尽好自己的职责的同时，细心观察对方是否需要我的帮助。因为仅凭一个人的力量，是无法成功完成这样一个课题的。

举个例子，一个关于子女教育的共同研究课题，需要研究者各自树立起自己关于子女教育的哲学，然后分享给对方。这是夫妇俩最先要完成的任务。

在这时，如果夫妇俩价值观一致，那么在抚养孩子这件事情上，他们会表现出一贯性。当然，有些孩子有着与生俱来的优秀品质。但是大部分的孩子都需要有一双品行兼优的父母，他们意志坚定，有着自己的一套哲学，然后齐心协力，把孩子引向正途，这样才能使孩子的人格得以健全发展。丈夫和妻子各自认真生活，当他们步履一致时，彼此的生活就会变得愈加充实。孩子们也会感受到家庭的安乐和幸福。

我和丈夫几乎在所有方面都拥有一致的价值观和想法，甚至连烦恼都一模一样。这样的想法和苦恼，逐渐使我们成为了一体。

如果夫妇俩的人生目标一致，即便做事方式略有不同，双方也能有忍耐或是承认彼此的空间。我们夫妇俩成立了东岩文化研究所，眼见韩国文化在美国社会扎根，我们心里都感到非常欢喜。当然，我们也曾经历过无数的困难，但是通过对话，这一切全都迎刃而解了。

东岩文化研究所刚成立时，我才刚满 23 岁，又要带孩子，又要攻读博士课程，偶尔参加两三个派对，还要接待络绎不绝的客人，感觉自己即便有三头六臂都不够用。百忙之中，我还负责事务所的全部业务。当时我们研究所每月都会召开一次韩国研讨会，丈夫的主要任务是挑选演讲者。我负责之后的节目制作，预定场地，为研讨会做宣传，甚至连茶点的准备工作都一手包办。其实认真看来，我比丈夫更熟知研究所的各种细务，丈夫只是依赖我而已。因此，我们有很多的日子都是在讨论研讨会的各种事情。托了研讨会的福，我们得以持续对话，对彼此的信赖和爱也与日俱增。

这并不是说，夫妇就必须要从事同一份工作，关键在于夫妻双方对彼此了解多少。一般来说，丈夫工作太累，周末总是没有时间和家人共度。丈夫每天工作到深夜才回家，如果连周末都要贡献给公司，妻子就会抱怨这段婚姻“我为什么要和你结婚”。同样，丈夫一旦觉得妻子因为工作而疏于打理家务，无法好好照顾孩子，他就会对妻子失望，当这种情绪被激化时，两人很容易吵架。

夫妇关系的长久之道

要使夫妇关系得以长久维系，办法只有一种：妻子要尽最大的努力去了解丈夫在外面做些什么，每一天过得怎么样，丈夫也应最大限度地去了解妻子的生活。所谓夫妇，如果对自己伴侣的生活一无所知，那么他们是很难取得共识的。

当丈夫还在哈佛大学法学院时，为了完成硕士论文、博士论文以及政治学博士论文，他连续好几年都是晚上 12 点之后才回家。研究室那张椅子还是入学时候买的，等他完成论文时，已经破旧得不能用了。他在研究室度过了多少时间可想而知。我甚至还被取了个绰号，叫做“法学生寡妇（Law Widow）”。但我也有自己的事情要做，而且我也需要有自己的时间，所以我对此从未有过抱怨。

朝夕相对的人，彼此应该有更多话题，关系理应更为亲密，夫妻也是如此。经常对话的夫妇，两人之间哪怕产生了问题，也能很快解决。与之相反，如果夫妻俩没有任何共同的生活理念，当疲惫降临时，他们也无法给予对方安慰或激励。

哪怕日子过得再忙，夫妇也要有二人世界的时间，去寻找能一起完成的事情吧。一起去看场电影，一起爬山或是游泳。这样一起累积两人共同的经验吧，所谓夫妇，就是不同于人际关系的，两人合二为一的完整体吗？因此，夫妇理应从日常小事中分享彼此的兴趣爱好和工作。父母能相互理解，相互激励，共同成长，这样的家庭对于子女来说就是最好的教育。

如果有人问我什么是婚姻，我想告诉他，婚姻不是对某个部分的承诺，而是一个绝对的、一生一世的约定。它意味着我要毫无保留地向伴侣展现出我的所有诚意、真心，以及责任，伴侣也是如此。如果没有体谅和妥协，那么他们一天也过不下去，这就是婚姻生活。如果一味只懂得喊男女平等的口号，坚持在每一件事情上都只肯退让一半，这样的婚姻是很难维持下去的。婚姻生活是一个不断努力的过程，双方要负起百分之百的责任。当你有这个觉悟时，这段婚姻便能成功。因此，婚姻中的人需慎重判断，并要有负责任的觉悟。

孩子是父母的镜子。正因为他们如实地映出了父母的模样，所以父母更应该以身作则，这样才能使孩子成长为正直的人。我希望夫妇们能通过持续不断的对话，成长为志同道合的伴侣，并将这长足发展的喜悦传给下一代。双方之间平等互待，相敬如宾，举案齐眉，只有经营好这段关系，才能造就一个健康的家庭，才能成就一对正直的父母形象。

卷末语
上梁先正，下梁不歪

我经常说“子女教育是没有正确答案的”。我也是按照自己从父母那里学到的方法来教育我的孩子，除此之外别无他法。我所做的，只是从孩子各自的特征和优缺点出发，找到适合他们个性的教育之道，激励他们、保护他们，引导他们过上各方面均衡发展的生活。

每个家庭所处的环境和状态各不相同，每个孩子有着不同的天赋和性格，所以我们只能因材施教。即便父母始终如一地为孩子付出，他们也不会对此给出一模一样的反应。所以，抱怨孩子不理解自己的一片苦心，忧心孩子的反应能力比其他兄弟或是亲戚家的小孩迟缓，其实都是不必要的。就像苹果和梨子结果的速度不同，玫瑰和向日葵的开花期也并不一致，我们的孩子自有他们自己的速度。

对于树立了人生目标的孩子，我们只需要告诉他们何谓正途，他们就会懂得该怎么走下去。他们不再是蹒跚学步，需要父母牵着手亦步亦趋教着走的小孩儿了。如果想要子女德才兼备，拥有充实的人生，成长对社会有用的人才，父母理应以身作则，向他们展现主宰自己人生的模样，没有比这更好的方法了。因为孩子是看着父母的背影长大的，是父母的镜子。

当我还在国内读大学的时候，我一边写着留学目的申请书，一边思考着以后该走什么样的路。我从未忘却过那时和父母做过的约定，并坚持到如今。比谁都要认真学习，向着既定的人生目标一路前进，和其他人一起大大方方地活出自己的风采，我一直坚持了下来。在学校和研究所，我是指导学生的人，与此同时，我一直把自己当做一个学生，活到老学到老。我发现学习真的是一件非常开心有趣的事情，所以我把学习当成了一个习惯。

我这么说，并不是要求孩子们要活得像我一样。父母学习思考的姿态，对孩子来说，这就是最好的教育。

“教得好的是老师，教得差的怪老师（成也萧何，败也萧何）”。无论是好是坏，孩子们都是瞧着老师的模样一点一点学过来的。所以我一直留心观察其他父母的模样，该学的不该学的，全都牢记在心。在这过程中，虽然也曾经历过失误，但我一直在努力寻找最合适的方法，去迎合孩子们一日三变的性格。而现在，我也还在努力，学习着去适应这个瞬息万变的世界。

父母所经历的失误，只是为了更彻底地了解孩子而花费的时间而已

在整理这本书的同时，我得以再次回忆子女们的成长过程。和丈夫一边学习一边抚养六个孩子绝非易事，但是和子女们共度的时光，是可一不可再的珍贵时光，我一直对此心存感激。

这本书里囊括了我抚养六个孩子以来的所有想法和经验。此外，在耶鲁大学和东岩文化研究所认识的这许许多多的学生身上，我将这些经验加以实践，并将由此得出的教育方针也写进了书里。

如今我已年过八旬，虽说岁数不小了，但我的生活还是和十来年前一样，没太大变化，每天早上阅读、收听和孩子们有关的报道，以此开展我一天的生活。虽然在距离上和孩子们分开了，但我们的心和灵魂从未远离。我的生活和年轻时并无太大改变。

当然，岁月无情，我的身体已大不如前。记忆力和处理事情的能力多多少少有了下降，做事的速度也慢了许多。但是想做和该做的事情仍然有很多。比起已经做过的事情，我更多的是想做的事情。为此，我仍然把日程表中最多的时间留给了书房，默默地计划着剩余的日子，并慢慢地去实践。

活了这辈子，我深深地体会到，人生不如意之事十常八九。就算你比谁都想做好，全力以赴，也会有某种困难使你不能如愿。抚养孩子就是其中最难的一件事。明明是一母所生，明明都是同一种教育方法，最后却是龙生九子，各有所好。因此我一直认为，子女教育不属于科学，而属于艺术。一切的艺术，其实都是摸着石头过河。

孩子所经历的挫折，其实都是通往成功的经验过程；大人所经历的挫折，只是为了更彻底地了解孩子而花费的时间而已。我这么说，其实只是想告诉父母和孩子们，你们没必要去害怕这些困难。经历过这无数的挑战和失败，摸清适合孩子的心智、能力以及爱好的方法，这就是我们为人父母应该做的事情。

全力以赴却还不能如愿，我们没必要为此感到沮丧，也没必要把不如意之事认为是失败。每逢此时，你应该坦然地接受这个结果“是啊，这大概是上帝有他老人家的意思吧”。冷静淡然的态度，在某些时候反而让你能更泰然地接受既定事实。因为每一个结果都饱含着一条教训，教训的背后其实就蕴藏着上帝关于成功的启示。

战胜挑战与挫折的力量

回首这一生，我发现上帝永远与我同在。每个要紧关头，他都赐予我无尽的恩惠。正因为我深信上帝与我同在，所以即便身为留学生，身为少数民族，我也一直欣然迎接各种挑战。沐浴着上帝的宠爱，我一直都在反省自己，对每件事情都充满了感恩之心。正因为我坚信着上帝的存在，所以我能坦然面对生命中的喜悦和悲伤，并获得前进的动力。

如果不信仰宗教，那么父母也应该展现出自己诚实生活的一面。因为孩子幼时在家庭里所感受到的一切，都会烙印在他的心中，并随着心智的成熟伴随他一生。人类有信仰的自由，就算父母信教，也无权强迫子女和自己要有同样的信仰。

人类是不完整的个体，最重要的，是要记住神永远与我们同在。只要你铭记在心，不去违背这一点，你便能得到使生活中所遭遇的考验和难关迎刃而解的智慧、幸福和成功。守护父母的良心，每一件事都全力以赴，这便已经是不小的报答。

最后我要感谢每一个在我写这本书的时候给予我力量和鼓励的人。尤其是从《有奉献精神的父母培养大人物》这本书出版起便一直给我力量和支持的Century One的宋美真（音译）代表和旗下所有员工，一直积极地帮助我，向我传递幸福的惠特尼中心的各位居民，还有东岩文化研究所的理事和全体职员、各位志愿者，我要向各位表达我的感激之情。

此外，对于一直以来让我感到幸福的六姐弟和女婿媳妇们、孙子孙女们、孙媳妇孙女婿们、重孙女们，谢谢你们，我爱你们。

最后，我要对来自韩国、日本、中国、美国等世界各国，一直以来对东岩文化研究所给予支持的各位，献上我最深沉真挚的谢意！希望每一个阅读这本书的家庭，都能充满幸福！

所有的荣光归于天父